第二届中亚研究学术论坛论文集

丝绸之路经济带架构下的地区合作与治理问题研究

陆 钢◎主编 邓 鋆◎副主编

时事出版社
北京

守望相助当永续　研究视域再拓宽

陆钢、邓鞆担任主编和副主编的国别与区域研究新著《丝绸之路经济带架构下的地区合作与治理问题研究》一书即将出版，欣闻此讯，甚为高兴。由于我早年从事有关中亚的外事工作，后来又在中国驻哈萨克斯坦、驻乌兹别克斯坦使馆供职多年，至今仍不时关注中亚问题，陆钢、邓鞆二位曾约我为他们有关中亚问题的处女作《国别区域视角下的丝绸之路经济带研究》作序。盛情之下，不揣冒昧，我写了《中国与中亚：相伴永远在丝路》一文，代为序言。此文中，我一方面客观而中肯地评介了《国别区域视角下的丝绸之路经济带研究》，另一方面也夹带一点“私货”，借机阐述了我对中国—中亚关系及中亚问题研究的几点浅见。这是我与本书团队的首次合作。

为学术作品作序，特别是为自已所熟悉的专业领域的学术著述作序，本身就是信息互补、思想交流、相互启迪、共同受益的过程。因此，当我收到即将付梓的样稿，以及再次约我为新书作序的邀请时，我没有片刻犹豫，欣然从命。我的目的是要通过作序，表达对该团队研究成果的由衷祝贺，同时进一步加强我们之间的学术合作。

此次《丝绸之路经济带架构下的地区合作与治理研究》出版发行，有幸再次受邀作序，我想谈下面几点看法：

第一，命运与共是历史与现实赋予中华民族与中亚各国人民的唯一选择。

中国与中亚五国各民族的友好交往，源远流长，经纬万端。两千多年前，我们的先辈翻山越岭，筚路蓝缕，开辟出绵亘万里、延续千年，既联通亚欧非大陆又融汇东西方文明的丝绸之路。如今，构建欧亚大陆经济带的新型区域合作汹涌澎湃，中国与中亚五国正在谱写具有不同历史底蕴、不同文明形态、不同社会制度的国家交流互鉴、共谋繁荣的时代新景观。

长期以来，外部世界常以为中亚五国国情相同、国运相通、国势相近、差别不大，实则不然。如今的中亚五国，国土总面积400万平方公里，其中面积最大的是哈萨克斯坦，超过270万。但哈萨克斯坦人口并不很多，目前约为1900万。人口最多的是乌兹别克斯坦，目前统计约3100万，但国土面积仅为44万平方公里。土库曼斯坦国土面积略大于乌兹别克斯坦，为49万平方公里，但人口只有680万左右。吉尔吉斯斯坦面积略多于19万平方公里，人口600万左右。塔吉克斯坦面积最小，约14万平方公里，但人口增长较快，目前已逾800万。中亚五国均属内陆国，都没有出海口，只有经过邻国才能走向外部世界。因此，哈萨克斯坦被认为是当今世界最大的内陆国，乌兹别克斯坦则是最大的双内陆国。这就是说，乌兹别克斯坦只有通过邻国的邻国才能进入海洋，走向更加遥远的世界。中国与哈吉塔三国拥有3700多公里共同边界，中亚国家可以取道中国，借助中国港口，建立和拓展与外部世界的联系。

从民族与文化起源上看，中国西部地区某些少数民族，历史上即与中亚各民族跨界而居，密切往来，彼此间形成了千丝万缕的历史联系与亲缘关系。

这些历史的和现实的、文化的与民族的、经济的与安全的因素相互交织，彼此牵动，使中华民族与中亚各民族自然而然地形成了唇齿相依、休戚与共的命运依存关系。和平共处、睦邻友好、互利合作、联动发展、共同安全成为中华民族与中亚各族人民风雨同天、无以替代的共同意愿，成为当代中国与中亚五国守望相助、砥砺奋进的唯一选择。

第二，政治互信是中国与中亚五国睦邻友好关系持续发展的不竭动力。

面对中亚五国各具特色的社会制度，中国始终恪守尊重其主权独立，不干涉其内部事务，还助力其政治稳定与和平发展的政策方针。1996 年，为缓和边境地区紧张局势、加强军事领域信任措施，中国与俄罗斯联手哈萨克斯坦、吉尔吉斯斯坦，塔吉克斯坦，连续数年在上海举行元首会晤，形成“上海五国”机制，孕育出“互信、互利、平等、协商，尊重多样文明，谋求联合发展”的“上海精神”。2001 年 6 月，随着乌兹别克斯坦加入该机制，上海合作组织应运而生。

上海合作组织成立时发表的共同宣言，以及各成员国后来缔结的长期睦邻友好合作条约等文件，符合时代发展特点和本地区形势需要，同时也适应各方共同利益和普遍关切。在上海合作组织框架下，中国与哈吉塔乌四国的政治互信不断增进，在地区和国际事务中的政策协调能力不断加强。在共同打击“三股势力”，即分裂主义、恐怖主义和极端主义，抵御霸权主义和冷战思维，遏制“颜色革命”图谋方面，相互配合，卓有成效。

中国与中亚各国政治互信与政策协调不断增强的特点在于，多边合作与双方合作齐头并举，相互补充；元首外交与多层对话彼此助推、相得益彰。频繁举行的元首会晤、外交部门的定期磋商，还有相关机构的直接沟通，作用尤为突出。对于因奉行“中立政策”而没有加入上海合作组织的土库曼斯坦，中国将双边对话作为提升政治互信、加强政策协调、推进互利合作的首要机制，且成效显著。

第三，互利共赢是中国与中亚五国通过平等合作实现联动发展的共同愿景。

从经济发展与对外合作的角度看，中亚五国的自然秉赋和资源状况不尽相同。哈萨克斯坦幅员辽阔，资源丰富，人均国内生产总值一度接近 1 万美元，是中亚地区发展最好的国家。乌兹别克斯坦最近几年营商环境持续改善，对外合作思路放宽，发展前景较好。土库曼斯坦以能源立国，经济发展主要靠天然气开采和出口。吉尔吉斯斯坦和塔吉克斯坦为山地国家，经济体量小，属于最不发达国家，经济与民生很大程度上依赖国际救助。

中亚国家的发展伙伴过去主要是俄罗斯。但自 2013 年起，中国成了中亚五国最主要的贸易伙伴和外资来源国。土库曼斯坦和哈萨克斯坦则成了中国最重要的能源供应国。中国与中亚国家互利共赢发展共同体的现实前景已充分显现。

在携手共建丝绸之路经济带的过程中，中国与哈萨克斯坦的务实合作不断优化与创新。双方开通 7 个陆路口岸，实现铁路公路、油气管道、航空运输与通信网络全面对接，建成了霍尔果斯国际边境合作中心以及中哈连云港物流合作基地一期工程。双方的产能合作，涉及基础设施、传统能源、清洁能源、高新技术、有色金属、汽车制造、农业开发等诸多领域。近千家中资独资企业或中哈合资企业，为该国创造数以万计的就业岗位。

2014 年 8 月，中国与乌兹别克斯坦就共建平等互利、安危与共、合作共赢的战略伙伴关系达成新共识。而后，双方签署国际道路运输协定，开启中国与非接壤国缔结双边道路运输协定的先例。2017 年 5 月，该国总统来华出席“一带一路”国际合作高峰论坛，双方签署一系列协定，以深化经贸、投资、产能、水利、基础设施等各领域合作。

中吉两国就吉—中天然气管线、吉尔吉斯斯坦北南公路建设、兴建热电站和炼油厂等重大项目展开密切合作。塔吉克斯坦也与中方签署了关于加强基础设施领域合作的协议。双方决定以“平等互利、优势互补、相互促进、共同发展、政府引导、商业运作”为原则，在交通、能源等领域开展基础设施建设合作。

奉行“永久中立”政策的土库曼斯坦，与中国开展务实合作方面并不落后。起始于土库曼斯坦的中国—中亚天然气管道，是中土合作的经典范例。由于这条管道，中土贸易额从建交初期的 450 万美元上升到 100 多亿美元，土库曼斯坦的天然气输入量已占中国进口天然气的 50% 以上。双方在基础设施、信息技术、市政建设和农业科技等领域，也有很多合作成果。

第四，共应挑战是推动丝绸之路经济带建设行稳致远的重要保障。

最近两年，新冠肺炎疫情袭击全球。中国与中亚在“一带一路”倡议背景下的合作受到始料未及的冲击。面对新形势新问题，中方向中亚国家提出了坚定不移地打造卫生合作、数字合作、绿色发展、互联互通四种伙伴关系的新建议。中方郑重承诺，要尽快与中亚各方建立和完善疫情联防联控机制，为中亚国家提供疫苗等抗疫物资；要拓展中国与中亚国家在第5代移动通信技术、人工智能等高科技领域合作；加强绿色基建、绿色能源、绿色金融及气候变化、生物多样性保护合作。打造四大伙伴关系的新倡议和新举措，为中国与中亚各国共同应对新挑战、确立新任务、实现新目标，指明了前进方向和具体路径。

2022年是中国与中亚五国建交30周年。1月25日，中国与中亚五国举行元首视频会议，共同纪念这一重大历史事件。习近平主席在题为《携手共命运　一起向未来》的讲话中，高度评价了中国同中亚五国睦邻友好关系的发展进程。中亚五国元首来华出席北京冬奥会时，中方宣布向中亚五国提供5亿美元无偿援助，再一次体现了中国人民愿与中亚五国人民“守望在丝路，相助到永远”的真情厚谊。《丝绸之路经济带架构下的地区合作与治理问题研究》问世，恰逢其时！

最后，我想补充一点：如同任何事物都会美中不足一样，这本有关中国—中亚关系的新著，也有一个明显缺憾。对于中国与土库曼斯坦的务实合作，亦即土库曼斯坦参与共建丝绸之路经济带的有关情况，没有进行专门论及。我希望并相信本书作者群体在今后的研究工作中，能够补齐这个短板，将丝绸之路经济带建设研究推向新的高度，取得更大成就。

于洪君

争取和平和裁军副会长

中联部前副部长

目录

Contents

乌兹别克斯坦：美国中亚战略的支点国家[*]

陈　洁[**]

摘　要　由于乌兹别克斯坦所处的重要地缘战略地位，拥有中亚地区最多的人口，独立于俄罗斯影响之外的强烈意愿，其有条件成为美国在中亚的战略支点国家。但是，受乌兹别克斯坦内政和美国在中亚地区战略目标变动的影响，乌兹别克斯坦在美国中亚战略中的支点地位经历了强化—弱化—回归三个阶段。在可以预见的未来，乌兹别克斯坦在美国中亚战略中的支点地位将进一步凸显。

关键词　乌兹别克斯坦；美国；战略支点国家；中亚战略

随着20世纪90年代初苏联解体和中亚五国的独立，中亚重新作为一个独立的地缘政治板块出现在世界政治格局当中。对于这样一个极具战略属性的地区，无论在美国学术界还是政策界，都给予了极大的关注。在布热津斯基看来，中亚无异于欧亚大陆的“巴尔

* 本文系岳阳市城市软实力建设的提升路径研究项目（2021YYDXYB08）研究成果。

** 陈洁，湖南衡阳人，中共岳阳市委党校教师，法学硕士，主要研究方向为中亚问题、政党外交。

干”，“（中亚）在地缘政治上也是重要的，因为它们将控制一个必将出现的旨在更直接地联结欧亚大陆东西最富裕勤劳的两端的运输网……由于这个地区不仅力量真空而且内部也不稳定，局势就变得愈加变化无常”。① 而在政策界，美国作为冷战后唯一的超级大国，对中亚的关注并不亚于学术界。冷战结束后，美国迅速界定了自身在中亚地区的“能源、安全、民主”三方面的利益，并制定实施了与之相应的中亚战略。② 在美国中亚战略实施过程中，美国与中亚五国之间关系的密切程度并不是一致的，这是因为即使美国拥有极强的综合国力，但由于其给自己界定的利益范围覆盖全球，因此美国必须将主要精力集中于某些对其周边局势及其在该地区利益有重要影响的“支点国家”。③

一、战略支点国家与乌兹别克斯坦

（一）战略支点与战略支点国家

战略支点国家（pivotal state）概念的提出最早可以追溯到20世纪的英国地理学家哈尔福德·麦金德。所谓战略支点国家，就是大

---

① ［美］布热津斯基著，中国国际问题研究所译：《大棋局：美国的首要地位及其地缘战略》，上海世纪出版集团2007年版，第101—102页。

② 曾向红：《遏制、整合、塑造：美国中亚政策二十年》，兰州大学出版社2014年版，第9页。

③ Robert S. Chase，Emily B. Hill，and Paul Kennedy，“Pivotal States and U. S. Strategy”，Foreign Affairs，Vol. 75，No. 1，1996，p. 33.

国在实施其全球或地区战略过程中，有足够的地区影响并对大国的战略起到显著支撑作用的国家。[①] 对于战略支点国家的标准，学界有不同的观点。蒂姆·斯威伊斯（Tim Sweijs）认为，衡量一个国家是否可以成为支点国家，主要是依据该国拥有的军事战略资产、经济战略资产和观念战略资产三个指标。[②] 罗伯特·S. 蔡斯（Robert S. Chase）等人则认为，客观的人口数量、重要的地理位置和经济实力（潜力）是战略支点国家必须具备的，但是除了这些客观物质条件之外，影响地区和国际稳定的能力才是最重要的。[③] 还有学者认为，战略支点国家在人口基数、经济影响力、军事力量、地缘战略位置和资源能源等方面要达到一定的标准。[④] 在国内学术界，对战略支点国家的选择标准也有不同的论述，但大致不出于地理位置、经济实力、国家稳定程度、共同利益基础等维度。[⑤] 综合各方观点，可以作为支点的国家应至少具备以下四个条件：重要的地理位置、人口和经济基础、对地区事务的影响力、成为支点国家的主观意愿。

早在美苏冷战时期，美国政策制定者们就开始将支点国家理论运用于实践，即所谓的“多米诺骨牌”理论。从艾森豪威尔和艾奇

---

① 赵雅婷：《“一带一路”背景下中国战略支点的选择》，《新疆社会科学》2015 年第 6 期。第 75—80 页。

② Tim Sweijs, “Why are Pivot States so Pivotal: The Role of Pivot States in Regional and Global Security”, The Hague Centre for Strategic Studies Press, 2014, p. 8.

③ Robert S. Chase, Emily B. Hill, and Paul Kennedy, “Pivotal States and U. S. Strategy”, Foreign Affairs, Vol. 75, No. 1, 1996, p. 37.

④ “Seven Pivotal States Facing Crucial Political Challenges in H2 2013 - 2014”, BMI Research, http://www.bmiresearch.com/news - and - views/country risk/ghana/articles? page = 3.（上网时间：2019 年 5 月 20 日）

⑤ 参见薛力：《“一带一路”视野下的“亚洲五强外交”》，《领导之友》2015 第 5 期，第 26—27 页；韦红、尹楠楠：《“21 世纪海上丝绸之路”东南亚战略支点国家的选择》，《社会主义研究》2017 年第 6 期，第 124—132 页等。

逊到尼克松和基辛格，政治家们不断提到所谓的“倒下的多米诺骨牌”。虽然“多米诺骨牌”理论没有对支点国家与非支点国家作明确的区别对待，但它的核心是支持支点国家，以及随之而来的“邻国垮台”。尽管在“多米诺骨牌”理论指导下美国在越南和萨尔瓦多的政策失败使这一理论受到质疑，但是从美国的角度而言，将特定国家视为比其他国家更重要的想法本身是明智的。[①] 冷战结束后，美国在不同的地区均拥有自己的战略支点国家：在东亚地区是日本和韩国，在中东地区是以色列，在南部非洲地区是南非等。而就中亚地区而言，美国在该地区的战略支点国家就是乌兹别克斯坦。[②]

（二）乌兹别克斯坦的战略支点属性

自独立之日起，乌兹别克斯坦便被众多研究者赋予了地缘战略“支点”的地位，之所以如此，与乌兹别克斯坦国家本身的客观属性和独立后所制定的发展方略有密不可分的关系。美国作为最早承认乌兹别克斯坦的国家之一，双方建交二十多年来，在国家和社会发展的许多方面开展了深入的合作。[③] 与中亚其他国家相比，乌兹别克斯坦更具潜力成为本地区的独立力量。它既不愿依附于俄罗斯，又

---

① Nick Megoran, “Revisiting the ‘Pivot’: The Influence of Halford Mackinder on Analysis of Uzbekistan's International Relations”, The Geographical Journal, Vol. 170, No. 4, 2004, p. 347.

② 《乌兹别克斯坦成美国在中亚“支点”》，参考消息，2019 年 3 月 9 日，http: //www. cankaoxiaoxi. com/world/20190309/2373960. shtml。（上网时间：2019 年 5 月 1 日）

③ 美国驻乌兹别克斯坦大使馆，https: //uz. usembassy. gov/our - relationship/。（上网时间：2019 年 5 月 1 日）

与伊朗保持着距离，同时坚决反对伊斯兰激进主义。[①] 这些都为美国的中亚战略提供了很好的机会，乌兹别克斯坦也由此成为美国实施中亚战略的重要支点。

乌兹别克斯坦具有重要的地缘战略地位。作为世界上仅有的两个双重内陆国之一，乌兹别克斯坦地处中亚的中部和北部地区，是唯一一个与中亚其他四国，以及阿富汗接壤的独联体国家，这意味着，乌兹别克斯坦可以成为进入中亚任何一个国家的通道和中亚稳定的锚点，是中亚这一欧亚大陆心脏的心脏。[②] 斯塔尔就认为，乌兹别克斯坦是“影响欧亚地区稳定的特别因素”。[③] 此外，这种多邻国的特性带来的另一个后果就是乌兹别克斯坦国内的不稳定极易外溢至整个中亚地区，同时中亚地区任何一个国家的动荡也都可能引起乌兹别克斯坦内部的不稳定。再者，乌兹别克斯坦作为“双重内陆国”的特点也决定了它在与外部，尤其是西方国家发生联系时必须借道第三国，这就导致它所面临的战略安全环境非常脆弱，极易受到外部的封锁，尤其是该国所有的战略性基础设施，如公路、铁路、航线、油气管道都通往俄罗斯，进一步增加了其战略安全受到威胁的风险。通达性与脆弱性的共同作用，强化了乌兹别克斯坦地缘战略地位的重要性。

乌兹别克斯坦的人口数量和民族构成，以及人口数量所带来的

① 王鸣野：《美国的欧亚战略与中南亚五国》，新疆人民出版社2003年版，第47页。

② Oleg Zotov, “Pro – American Military and Political Blocs Around the Caspian Basin Livening up”, http: //greatgame. no. sapo. pt/acopiniao/pro – american – military – and – political – blocs. htm.（上网时间：2019年5月1日）

③ Starr Frederick S. , “Making Eurasia Stable”, Foreign Affairs, Vol. 82, No. 1, 1996, pp. 80 – 92.

经济潜力和对地区事务的影响力，赋予乌兹别克斯坦的战略支点国属性。截至2018年1月，乌兹别克斯坦共有3265.39万人口，是中亚地区人口数量最多的国家。乌兹别克斯坦国内共有130余个民族，其中乌兹别克族占80%，俄罗斯族仅占5.5%。[①] 人口数量及主体民族占人口绝大多数的特点，对乌兹别克斯坦的战略地位有三方面的影响：第一，人口数量意味着广阔的市场，是乌兹别克斯坦经济发展的一个巨大的潜在优势，成为乌美经贸关系发展的市场基础。同时数量众多的人口也使得乌兹别克斯坦组建一支强大的军队成为可能。根据“全球火力”发布的报告，乌兹别克斯坦2019年在全球军力排行中位列第48，在中亚五国中名列前茅。[②] 第二，人口构成相对单一，使乌兹别克斯坦拥有一个相对独立的人文体系，有利于执行相对独立的外交政策，成为削弱俄罗斯在中亚地区影响力的桥头堡。第三，庞大的人口数量还意味着乌兹别克斯坦的稳定对中亚地区的整体稳定至关重要，尤其是乌兹别克斯坦与中亚其他国家均接壤的情况下，一旦乌兹别克内部发生骚乱，所产生的难民跨国流动等问题，将直接成为中亚的致乱之源。因此维护乌兹别克斯坦的稳定是维护整个中亚地区稳定的关键所在。以上三方面的影响都从不同方面强化了乌兹别克斯坦的战略支点国属性。

乌兹别克斯坦拥有极强的成为支点国家的主观意愿，这一意愿具体体现在两方面：一是摆脱俄罗斯的影响，从历史文化的根本上

---

① 中华人民共和国驻乌兹别克斯坦大使馆，http：//uz. chineseembassy. org/chn/wzgk/t1586049. htm。（上网时间：2019年5月1日）

② 2019 Military Strength Ranking，https：//www. globalfirepower. com/countries - listing. asp.（上网时间：2019年5月10日）

成为一个独立国家；二是积极谋求在中亚地区的领导地位。乌兹别克斯坦独立之初，首任总统卡里莫夫就提出了要“缅怀历史，恢复民族、故乡和国土的客观而真实的历史面貌”①，为此他在国内掀起了“重写乌兹别克历史”的运动，其中就包括将帖木儿塑造成一个爱国的乌兹别克领袖，其本意就在于从思想层面摆脱对俄罗斯及苏联历史的依赖。在现实政治中，乌兹别克斯坦自独立起，虽然没有明确提出反俄，但一直积极发展同西方国家的关系，突出表现就是积极发展与土耳其的关系，试图以此来实现与西方国家的联系。对美关系更是乌兹别克斯坦的重点关注，卡里莫夫曾将美国视为乌主要的贸易伙伴，并认为乌美合作是保持中亚稳定的关键因素。而在中亚地区层面，乌兹别克斯坦认为自己在历史上曾统治了中亚的大部分地区，在地理上处于中心，因此能够且应该成为中亚地区的领导者。这些对自身地位的认知以及强烈的独立意愿都为乌兹别克斯坦成为美国在中亚的战略支点国家提供了重要契机。

二、美国中亚战略中的乌兹别克斯坦

1991 年 8 月，乌兹别克斯坦一经独立，美国便迅速表示承认，并与之建立外交关系。然而直到 1994 年，双方的关系才有了实质性

① ［乌］伊斯拉姆·卡里莫夫著，王英杰等译：《临近 21 世纪的乌兹别克斯坦：安全的威胁、进步的条件和保障》，国际文化出版公司 1997 年版，第 109 页。

的进展。也正是从那时候起，乌兹别克斯坦开始在美国中亚战略中占据突出位置，逐渐成为美国在中亚的战略支点国家。

（一）遏制俄罗斯与战略支点地位的形成

在苏联刚刚解体之时，美俄关系迅速发展。然而到 1994 年左右，由于“休克疗法”给俄罗斯经济带来的灾难性破坏，以及由此而产生的叶利钦个人的高度集权和俄罗斯国内日益高涨的反美情绪，美俄关系由伙伴重新变成对手。与此同时，俄罗斯与中亚国家的关系也因在中亚的俄罗斯人的双重国籍问题而陷于紧张。面对俄罗斯的强势，大部分中亚国家选择屈从，唯有乌兹别克斯坦始终保持自身的独立性。正是这种独立的姿态，使美国看到了将乌兹别克斯坦打造成为遏制俄罗斯“桥头堡”的可能，由此乌兹别克斯坦开始成为美国中亚战略的支点国家。

从 1994 年起，美乌关系迅速升温。1994 年美乌签署了双边援助协定，成为美国非政府组织日后在乌国境内活动的合法性来源。[①] 同年 7 月，乌兹别克斯坦加入北约“和平伙伴关系计划”，开启美乌之间军事安全合作的大门。此后的几年中，双方高层交流频繁，在对方国家设立大使馆，并实现了元首访问。1997 年，美国出台了“新中亚战略”，其核心目标就在于“支持这一地区国家对俄的独立倾向；解决这一地区冲突与开发石油资源同时进行，使该地区成为美

---

① Richard Weitz, “Uzbekistan’s New Foreign Policy: Change and Continuity under New Leadership”, Silk Road Paper, Vol. 82, No. 1, 2018, pp. 77 – 92.

国21世纪的战略能源基地，遏制并削弱俄罗斯和伊朗在这一地区的影响”。[①] 在这样的背景下，美国加强了对乌兹别克斯坦的重视程度，加大了与乌合作力度。仅1997年，美国对乌兹别克斯坦的投资总额就达到了30亿美元。[②] 1999年4月，乌兹别克斯坦加入了具有明显反俄倾向的“古阿姆”集团，是中亚五国中唯一一个加入该集团的国家，成为美国实现“新中亚战略”目标的最重要的国家。

1994—2000年，美国的中亚战略总体上依附于美俄关系及美国遏制俄罗斯的战略目标，[③] 因此美国在中亚地区的直接政策目标就是寻找或打造反俄的国家（联盟），而这一时期的乌兹别克斯坦，由于自身强烈的独立和“去俄罗斯化”意愿，加之一些自身的客观条件，成为美国实施战略的最佳选项，也最终确立了乌兹别克斯坦在美国中亚战略中的支点地位。

（二）反恐与战略支点地位的强化

2001年“9·11”事件的发生直接改变了中亚在美国全球战略中的地位，成为美国中亚战略的重要分水岭。“9·11”事件过去后，美国重新界定了在中亚地区的利益，反恐和安全代替民主化和遏制俄罗斯等目标，成为美国中亚战略的新目标。[④] 而对包括乌兹别克斯

---

① 王桂芳：《中亚战略格局与中国安全》，军事科学出版社2004年版，第64页。

② 杨洪玺：《美国中亚战略二十年：螺旋式演进》，社会科学文献出版社2012年版，第98页。

③ 杨洪玺：《美国中亚战略二十年：螺旋式演进》，社会科学文献出版社2012年版，第109页。

④ 曾向红：《遏制、整合与塑造：美国中亚政策二十年》，兰州大学出版社2014年版，第112页。

坦在内的部分中亚国家而言，反恐一直是其长期以来重要的安全利益关切，[①] 也是中亚各国一直以来寻求与西方进行合作的着眼点，只不过一直没有得到美国等西方国家的回应。[②] “9·11”事件发生后美国把反恐放到中亚乃至全球安全战略的突出位置，使双方的合作有了明确且牢固的利益共同点，美乌双边关系由此得到飞跃。

“9·11”事件后不久，乌兹别克斯坦便主动向美国示好，提出与美国进行军事合作，包括向美开放位于乌兹别克斯坦和阿富汗边境附近的汉纳巴德机场，作为美国打击阿富汗塔利班的前沿军事基地；开放南部通往阿富汗的铁尔梅兹大桥，用于运送对阿人道主义救援物资等。2002 年 3 月，卡里莫夫总统再度访问美国时表示，如果必要的话，美国可以继续留在乌兹别克斯坦，直到恐怖主义网络最终瓦解。[③] 乌兹别克斯坦之所以在反恐合作问题上表现出如此积极的姿态，背后的原因是多样的。恐怖主义、极端主义本身就是乌兹别克斯坦国家安全面临的重要挑战，因此借美国之力打击中亚地区的恐怖主义是首要目标，但与此同时，乌兹别克斯坦还认为，美国军事基地的存在将会使其更容易处理与俄罗斯之间的关系，而且也会让俄罗斯更加注意自己在中亚的行为，最为重要的是，乌兹别克斯坦希望通过加强与华盛顿的伙伴关系，得到加快本国军事改革步

---

① ［乌］伊斯拉姆·卡里莫夫著，王英杰等译：《临近 21 世纪的乌兹别克斯坦：安全的威胁、进步的条件和保障》，国际文化出版公司 1997 年版，第 102 页。

② Evgeny F. Troitskiy: “US Policy in Central Asia and Security”, Global Security, 2007, Vol. 21, No. 3, pp. 419 – 420.

③ 潘光：《“9·11”事件前后美国与中亚的关系：变化和挑战》，《复旦学报（社会科学版）》2005 年第 6 期，第 53 页。

伐的资金，使其有能力应对地区安全方面的挑战。①

从美国角度而言，在反恐和以反恐为契机保持在中亚军事存在的问题上，乌兹别克斯坦无疑是最佳的，也是最重要的合作伙伴。在美国决策者看来，卡里莫夫是与美国结盟的一位“理想的领导人”②。这不仅与乌兹别克斯坦本身的态度和意愿有关，也与乌兹别克斯坦自身的客观条件及其对美国中亚战略目标实现的影响有关。首先在地理位置上，乌兹别克斯坦与阿富汗接壤，地处反恐战争的最前沿，是美国自北向南进入阿富汗的必经之路，且乌兹别克斯坦的许多交通设施都直接通往阿富汗，对美军，尤其是地面部队进出阿富汗至关重要。其次，虽然“9·11”事件后中亚各国都对美国伸出了橄榄枝，但除乌兹别克斯坦以外的其他四国都有相当程度的亲俄倾向，因此无法成为美国战略支点的首选国家。最后，乌兹别克斯坦拥有在中亚地区相对较强的军事力量。数据显示，从苏联解体一直到2006年，乌兹别克斯坦的国防开支绝对值是中亚五国中最高的。③ 这有助于美国在该地区获得一个有力的帮手。基于这些因素的考虑，美国在“9·11”事件后迅速提升了与乌兹别克斯坦的合作力度。除了驻军和使用军事基地外，从2001年到2005年，美乌在其他领域的合作也非常密切。2002年卡里莫夫访美，双方签订了《乌美关于建立战略伙伴关系与合作基础宣言》等文件，涵盖了政治、

① ［美］玛莎·布瑞尔·奥卡特著，李维建译：《中亚的第二次机会》，时事出版社2007年版，第209页。

② Kurt H. Meppen, “US – Uzbekistan Blateral Relations: Policy Options”, Silk Road Paper, Harvard University, Vol. 15, No. 3, 2006, pp. 18 – 21.

③ 张宁：《乌兹别克斯坦独立后的政治经济发展》，上海大学出版社2012年版，第158页。

经济、军事、安全等多个领域。在美国国际援助方面，乌兹别克斯坦也占据重要地位。根据美国国际开发署的数据，阿富汗战争后至2005年，乌兹别克斯坦一直是美国军事援助最多的中亚国家之一。2002年援助预算总额1.6亿美元，2003年5293.7万美元，2004年3844.2万美元，2005年3523.1万美元。[①] 这些都表明了乌兹别克斯坦在美国中亚战略中的支点地位得到了极大的加强。

（三）"安集延事件"与战略支点地位的淡化

大约从2005年开始，美国对中亚战略的目标重点从追求军事安全和地区稳定转为直接推进民主。[②] 这一方面是因为反恐战争取得了一定成果，美国在中亚地区所遭受的安全威胁降低，另一方面则是因为美国通过反恐战争已经实现了在中亚保持军事存在的目标，从而开始追求新的战略目标，也就是帮助中亚进行彻底的政治、经济转轨，推行民主自由价值观，建立资本主义自由市场。[③] 在新的战略目标的指引下，美国与中亚国家之间关系的侧重点也开始调整。针对美乌关系，美国方面从重视乌兹别克斯坦的军事战略地位转而关注其国内的人权问题。这一变化对乌兹别克斯坦在美国中亚战略中支点地位的淡化起到了至关重要的作用。

一直以来，乌兹别克斯坦都因为其国内的一些问题受到美国等

---

① 美国国际开发署，https://www.usaid.gov/uzbekistan。（上网时间2019年5月15日）

② 杨洪玺：《美国中亚战略二十年：螺旋式演进》，社会科学文献出版社2012年版，第88页。

③ 范军：《美国：从中亚到高加索》，《俄罗斯研究》2002年第2期，第98页。

西方国家的指责，只不过此前美国在中亚重点关注的是军事安全和遏制俄罗斯，因此对其国内问题采取默许的态度。当美国在中亚站稳脚跟之后，原先的次要问题逐渐变为主要问题。2003 年末美国指责乌兹别克斯坦政府在人权领域没有取得进步，将使该国面临援助停拨的危险，6 个月后时任美国国务卿鲍威尔再次否认乌兹别克斯坦在人权方面的进步，并将 2004 年的对乌援助削减了 1800 万美元。鲍威尔的行为表明，美国在相当短的时间内对乌兹别克斯坦的态度发生了变化。[①] 2005 年，美国对发生于乌兹别克斯坦安集延州的“安集延事件”进行了严厉指责，从而导致美乌关系急转直下。7 月，乌兹别克斯坦正式要求美国半年内撤出汉纳巴德基地，11 月，美国正式关闭了在乌兹别克斯坦的军事基地。在援助方面，乌兹别克斯坦从美国接收到的金额也大幅下降，2006 年仅为 1500 万美元，此后也是持续下降，而与之相对的是哈萨克斯坦受援助额度在 2006 年上升到了 1.14 亿美元，比 2005 年提升了 67%。[②] 军事和经济关系的淡化，加之政治领域的龃龉，反映出这一时期乌兹别克斯坦正在丧失其在美国中亚战略中的支点地位。与乌兹别克斯坦在美国中亚战略中地位弱化相对的是哈萨克斯坦地位的上升。由于在人权领域和民主化问题上所谓的“良好表现”，以及经济上的快速发展，哈萨克斯坦在 2005 年之后逐渐成为美国在中亚主要的合作伙伴。美国不仅将对哈关系提升至“战略伙伴”层面，而且公开表示支持哈成为

---

① ［美］玛莎·布瑞尔·奥卡特著，李维建译：《中亚的第二次机会》，时事出版社 2007 年版，第 208 页。

② 美国国际开发署，https：//explorer. usaid. gov/cd/UZB? implementing_agency_id = 1。（上网时间：2019 年 5 月 15 日）。

地区领导。2006 年美国副总统切尼访问哈萨克斯坦，使哈萨克斯坦成为切尼欧亚大陆之行中唯一受访的中亚国家。但是，尽管哈萨克斯坦在美国中亚战略中的地位上升，却无法达到乌兹别克斯坦之前的地位，其原因就在于哈萨克斯坦始终将对俄关系放在首要位置，在发展对美关系时很大程度上受到俄罗斯因素的影响。这也制约了哈萨克斯坦成为新的战略支点国。

（四）“新丝绸之路计划”与战略支点地位的回归

2011 年 7 月 20 日，美国首次提出了以“大中亚计划”为基础的“新丝绸之路计划”，该计划旨在以阿富汗为中心，重新整合中亚及南亚国家，帮助恢复阿富汗与别国的贸易。由于乌兹别克斯坦是阿富汗运送货物的北方配送网络的一部分，对帮助阿富汗实现政治稳定和经济复兴有至关重要的作用，因此为了实施这一计划，美国不得不放弃对乌兹别克斯坦国内问题的过度指责，并发展与乌政府的良好合作关系。2011 年 9 月，美国国会决定取消对乌军事援助的限制。2017 年美乌建交 25 周年之际，时任美国总统特朗普向乌兹别克斯坦总统米尔济约耶夫致信祝贺，并表示“希望与米尔济约耶夫共同努力实现维护区域安全与稳定的共同目标。美国支持乌兹别克斯坦及其中亚邻国的主权独立和领土完整，努力建设和打造连通和繁荣的中亚”。米尔济约耶夫则回应称，乌兹别克斯坦坚定致力于维护并深入发展与美国的全面伙伴关系。此后双边关系进一步恢复，尤其是特朗普提出“南亚新战略”以后，推迟了从阿富汗撤军的最后期限，使得乌兹别克斯坦在美国中亚战略中的地位得到进一步稳固。从2019年初起，美国明显加强了在中亚地区的军事外交活动。1月中旬，乌兹别克斯坦国防部特种部队史上首次与美国伙伴一起参加了在美国密西西比州谢尔比营举行的“南部打击”演习。2月，时任美国助理国务卿帮办韦尔斯在塔什干发表演说称，美国和平队或将很快重返乌兹别克斯坦。① 在政治和军事以外的其他领域，美乌关系也发展迅速。

在经贸领域，乌兹别克斯坦加入世界贸易组织的问题被提上双边讨论的议程，美国甚至专门为此举办了高质量的国际研讨会，美国国际开发署官员在研讨会上发表讲话时指出，“加入世贸组织可以成为一个重要信号，乌兹别克斯坦加入该组织将增加乌兹别克斯坦与包括美国在内的其他世界贸易组织成员之间双边贸易的机会。”②

伴随美国中亚战略的调整，乌兹别克斯坦在美国中亚战略中的地位再次凸显，加之米尔济约耶夫继任乌兹别克斯坦总统之后，在国内政治、经济各方面力推改革，乌兹别克斯坦内政作为影响美乌关系的消极因素之一，在美乌关系中所发挥的作用正在减弱，乌兹别克斯坦在美国中亚战略中的地位重新回归。

---

① 《俄媒述评：乌兹别克斯坦成美国在中亚“支点”》，参考消息网，http：//www.cankaoxiaoxi.com/world/20190309/2373960.shtml。（上网时间：2019年5月15日）

② “Uzbekistan and IFIs Discuss Country’s Accession to the WTO”，Uzdaily，March 14，2014，http：//www.uzdaily.com/articles－id－43112.htm.（上网时间：2019年5月15日）

三、乌兹别克斯坦支点地位的影响因素

从建交至今，美乌关系几经起伏，乌兹别克斯坦在美国中亚战略中的支点地位也并非一以贯之，而是大致经历了“上升—下降—上升”的过程。乌兹别克斯坦在美国战略中的支点地位的形成是多方面因素综合作用的结果，除了乌兹别克斯坦本身所具有的客观条件和地位之外，与美国在中亚地区战略目标的调整，乌兹别克斯坦对自身利益的界定，以及一些偶发性事件也息息相关。

（一）乌兹别克斯坦的独立性是决定性因素

冷战结束后，美国成为唯一的超级大国，维护霸权体系成为美国全球战略的主要目标之一。在这一全球战略指导下，美国需要在全球和地区层次上遏制主要挑战国，遏制的手段之一就是支持主要挑战国的其他反对者。[①] 冷战结束后，俄罗斯继承了苏联在中亚地区的影响力，极有可能成为中亚地区唯一的主导国家。鉴于中亚在地缘战略中的重要性，以及美国维持霸权的需要，美国需要在中亚地区寻找一个不依附于俄罗斯的国家，具备这种条件的，只有乌兹别克斯坦。

---

① 秦亚青：《霸权体系与国际冲突》，上海人民出版社2008年版，第77页。

与乌兹别克斯坦相比，中亚其他四国都在更大程度上依附于俄罗斯。哈萨克斯坦尽管也积极发展与美国的合作，但是哈政府在发展与美国的合作时，始终有一条底线，那就是哈美合作绝不能威胁到俄罗斯或其他独联体国家的根本利益。哈萨克斯坦和俄罗斯之间不仅有漫长的不设防边界，而且两国之间人文联系也非常密切，俄罗斯对哈萨克斯坦的影响持久且难以摆脱，这也导致了哈萨克斯坦始终把俄罗斯放在外交的第一优先方向。[①] 而塔吉克斯坦、吉尔吉斯斯坦同样也依附于俄罗斯，甚至国内还有俄罗斯的常驻军事力量。乌兹别克斯坦则不然，从独立之初就表现出对俄罗斯明显的离心倾向。因此相比之下，只有乌兹别克斯坦能成为美国维持全球霸权的地区支点国家。乌兹别克斯坦的独立性，对美国在中亚地区遏制俄罗斯的势力具有多重作用：第一，乌兹别克斯坦的独立性为美国在冷战结束之初进入中亚提供了机会，是美国进入中亚地区的缺口；第二，美国有机会将中亚地区国家整合成反俄联盟，如“古阿姆”集团；第三，乌兹别克斯坦独立于俄罗斯的影响之外的愿望使其成为美国在中亚最重要，也是相对最稳定的军事据点，成为遏制俄罗斯的前沿军事基地。

（二）美国在中亚的利益排序是影响因素

中亚的地缘政治地位、丰富的能源和区域内国家的状况决定了美国在中亚的利益是多元的。能源、安全、民主是美国在中亚最基

① 王鸣野：《美国的欧亚战略与中南亚五国》，新疆人民出版社2003年版，第52页。

本的利益诉求。但是，对三种利益的追求并不是同时推进的，而是在不同的阶段，由于区域内外环境，以及美国自身面临的情况不同而有所差异。相对来说，美国对中亚地区能源利益的追求一直比较稳定，早在1992年，美国的能源公司就开始在里海地区进行能源投资而乌兹别克斯坦并非里海沿岸国家，所以能源问题对乌兹别克斯坦地位的影响实际上比较有限，因此对乌兹别克斯坦在美国中亚战略中的支点地位的影响也有限，而所谓安全和民主对美乌关系的影响则更大。具体来看，从独立之初到“颜色革命”时期，美国在中亚的首要利益追求是所谓“安全优先于民主”，“颜色革命”前后到大约2008年是所谓“民主优先于安全”，2008年俄格武装冲突爆发，美俄对抗热度再起，美国在中亚的利益排序也再度回到所谓“安全优先于民主”。这一战略目标排序的变化阶段，与乌兹别克斯坦支点地位的变迁正好一致。

在“安全高于民主”时期，美国具体的战略目标包括遏制俄罗斯的势力扩张、打击恐怖主义、反对宗教极端主义等。而这些目标也是乌兹别克斯坦自身的国家目标，从而形成了美国与乌兹别克斯坦重要的共同利益。共同利益基础加上乌兹别克斯坦的客观战略地位，使得美乌在美国在中亚地区寻求安全利益时期能够紧密合作，乌兹别克斯坦的支点地位明显突出。在“民主高于安全”时期，美国在中亚地区面对的安全威胁都有所下降：美俄关系改善，反恐战争取得阶段性胜利，美国在中亚实现战略存在等。安全威胁下降后，在中亚地区推广所谓民主和自由成为首要目标。“安集延事件”的发生以及美乌双方对该事件定性的反差更是将美乌在民主化问题上的矛盾激化，乌兹别克斯坦也无法成为美国在中亚推行所谓民主化的

“标杆”，因此乌兹别克斯坦的支点地位下降也在情理之中。

四、结论

诚如美国时任助理国务卿帮办维尔斯 2018 年 2 月所指出的，“作为一个地区的中亚很重要，而乌兹别克斯坦又是该地区的重要国家，对于任何增进该地区稳定和繁荣的努力而言，乌均不可或缺。”① 乌兹别克斯坦重要的地理位置、独立性强、拥有中亚地区最多的人口等因素都决定了乌兹别克斯坦是中亚地区重要且特殊的国家，任何想在中亚地区“大博弈”中抢占先机的国家都不能不对此予以重视。美国作为最早承认乌兹别克斯坦独立的国家之一，同时也是中亚地区国际事务的重要参与者，对乌兹别克斯坦的地位一直有其深刻的理解，即使在过去美乌双边关系有比较剧烈的波动，但是从双方关系出现问题之后修复的速度来看，美乌彼此之间都非常重视与对方的关系。而对于乌兹别克斯坦的战略支点地位，双方有共同的意愿。可以预测，乌兹别克斯坦在美国外交战略中的支点地位会进一步突出。

① Navbahor Imamova and Alice Wells，“What's New in US Policy Towards Central Asia”，February 22，2018，https：//www. amerikaovozi. com/a/pdas – alice – wells – central – asia – usuzbekistan/4268676. html.（上网时间：2019 年 5 月 24 日）

从选举到变局——2020年吉尔吉斯斯坦议会政治危机

王林兵　雷　琳*

摘　要　2020年10月4日，吉尔吉斯斯坦如期举行了议会制时代以来的第三次议会选举。在疫情与选情的交叠冲击下，败选的反对派政党发动了一场以否认选举结果为口实，以疫情下部分选民为力量，以夺取政权为目标的政治变局。这次政治变局，根本上是由两任总统之间权力斗争的激化所导致，将改变各政治派系的行为模式，政变和革命或许会更加频繁。而政治体制，也极有可能被推回到总统制的框架下。吉尔吉斯斯坦只有形成了更加广泛的政治共识、更加平衡的权力格局、更加成熟的法治意识，才有可能打破持续动荡的“魔咒”。

关键词　吉尔吉斯斯坦议会选举；吉尔吉斯斯坦政治变局；吉尔吉斯斯坦政党政治

---

* 王林兵，江苏大学马克思主义学院讲师，主要研究方向：中亚问题、吉尔吉斯斯坦；雷琳，中国国家博物馆培训部教师。

2020 年 10 月 4 日，吉尔吉斯斯坦如期举行了议会制时代以来的第三次议会选举。此次选举中，共有 44 个政党宣布参加竞选，但最终只有 16 个政党满足相关要求，得以在中央选举委员会成功登记注册。在持续不降的疫情与跌宕起伏的选情交叠冲击下，选举进程被突如其来的“政变”所中断。在政治变局发展进程中，选举结果被取消、国家权力机关被占领、部分领导人被迫辞职，反对派一些政治精英不仅夺取了关键部门的领导权，还积极谋求成立“临时政府”以图取代执政当局。最终，在反对派的持续施压下，总统热恩别科夫宣布辞职。吉尔吉斯斯坦的中央政权，自建国以来发生了第三次非正常的更迭。吉尔吉斯斯坦政局何以在“二次革命”阴影尚未完全退却之时突然再次生变？政治精英们以两次“革命”为代价换来的议会政体又将何去何从？本文立足于对本次议会选举前后进程的考察，并围绕着上述两个问题展开分析。

一、2020 年议会选举中的选前博弈与选后斗争

吉尔吉斯斯坦 2020 年 10 月的议会选举，是在 2010 年颁布又于 2015 年和 2016 年两度修订的《吉尔吉斯共和国宪法》，以及于 2011 年颁布后经 2015 年、2017 年和 2019 年三度修订的《吉尔吉斯共和国总统和议会选举法》的框架下举行的。频繁修订法律的初衷在于使政治运作更加精细化和制度化，并以制度力量建构更加团结的议会和更加稳定的政治局面。然而，过于急切的法律变革不仅加剧了

各政治派系之间的斗争，也为议会选举中出现政治变局埋下了祸根。

（一）规则调整与议会分歧

修改宪法和一般性法律，是吉尔吉斯斯坦执政精英推进政治变革的重要手段。2016 年 10 月，时任总统阿塔姆巴耶夫违背“二次革命”后人民公投作出的决定，即“不得于 2020 年 9 月 1 日前修宪”，而强行推进宪法改革。这一举动引起了议会中反对派政党以及社会民主党一些议员的强烈反对，但此次由修宪引发的议会内部分歧，并没有得到足够的重视和疏解。热恩别科夫执政后，为弥合议会内部因修宪产生的分歧与矛盾，开诚布公地强调“回想起 2010 年的事件，在尊重人民意志的同时，我认为没有必要再修改宪法”[①]。与此同时，阿塔姆巴耶夫在执政末期所做的一些政治安排，如通过修改《吉尔吉斯共和国总统和议会选举法》将政党进入议会的双线门槛分别提高到了 9% 和 0. 9% ,[②] 也在 2020 年议会选举前引发议会内部的激烈争论。这一“双线门槛”在 2015 年选举法中的规定是政党进入议会须“在全国赢得不少于 7% 选票，在各州及比什凯克、奥什市赢得不少于 0. 7% 选票”[③]。围绕这一争论，议会内部分化为两大阵营，支持前总统政治安排的一派认为，提高议会选举门槛的初衷在

---

① 《没有必要对宪法作出修改——热恩别科夫》，吉尔吉斯斯坦卡巴尔国家通讯社，2018 年 12 月 21 日，http：//cn. kabar. kg/news/lu1080/。（上网时间：2020 年 10 月 1 日）

② О внесении изменений в конституционный Закон Кыргызской Республики “О выборах Президента Кыргызской Республики и депутатов Жогорку Кенеша Кыргызской Республики”（2017），статьи 30.

③ О выборах Президента Кыргызской Республики и депутатов Жогорку Кенеша Кыргызской Республики（2015），статьи 64（2）.

于促进各个政党积极扩大自身的影响力，而“低选举门槛不利于政党进一步扩大以及形成成熟的政党体系，影响政治稳定，高选举门槛则能将小党排除在外，促进进入议会的政党不断发展壮大，反过来进一步促进吉尔吉斯斯坦的议会制的发展”；① 但意见相左的一派则认为，“如此之高的选举门槛根本不适应如今的政治现实”，“如果吉尔吉斯斯坦拥有发达的政党体系，那么高选举门槛完全可以接受”，“但在我们国家，政党是利益伙伴的俱乐部”，“这是试图让寡头集团掌权并对新人关上议会的大门”，“是寡头集团对权力的垄断”。② 最终在热恩别科夫总统的支持下，议会将选举门槛从 9% 降为 7% 。③ 热恩别科夫本人在议会选举前夕也再次表态称：“我希望有 5 个或 6 个政党进入议会……因此，我支持 7% 而不是 9% 的门槛，参加议会的政党越多，对国家越有利。”④ 这次议会内部的政治博弈，并非围绕着总统与议会权力分割而展开，而是以议会选举为契机，围绕着是否有必要对前任总统设立的选举规则进行变革而展开。阿塔姆巴耶夫将议会门槛提高至 9% 的一个重要考量是，在 2020 年

① 《吉尔吉斯斯坦议会选举未选先热，议员建议政党进入议会的 9% 门槛降为 5%》，文汇报，2019 年 10 月 30 日，https：//wenhui. whb. cn/third/baidu/201910/30/297949. html。（上网时间：2020 年 10 月 1 日）

② 《吉尔吉斯斯坦 2020 年议会选举时间确定　寡头将保留谁?》，丝路新观察报，2019 年 10 月 22 日，http：//zykjfwz. com/index. php？ m = content&c = index&a = show&catid = 848&id = 1808。（上网时间：2020 年 10 月 1 日）

③ Жогорку Кенеш，Предлагается снизить избирательный барьер для прохождения политических партий в Жогорку Кенеш с 9 до 7 процентов. [Электронныйресурс]. – URL：http：//www. kenesh. kg/ru/news/show/10410/predlagaetsya – snizity – izbiratelyniy – baryer – dlya – prohozhdeniya – politicheskih – partiy – v – zhogorku – kenesh – s – 9 – do – 7 – protsentov（дата обращения：18. 06. 2020）.

④ Президент считает，что в парламент должны пройти пять – шесть партий. [Электронныйресурс]. – URL：https：//24. kg/vlast/166529_vyiboryi – 2020_prezident_schitaet_chto_vparlament_doljnyi_proyti_pyat – shest_partiy/（дата обращения：18. 06. 2020）.

议会选举中他能率领社会民主党继续成为绝对多数派，进而主导议会来发挥政治影响力。热恩别科夫否定了阿塔姆巴耶夫卸任前留下的政治安排，这不仅招致阿塔姆巴耶夫及其议会中追随者的不满，也加剧了两任总统势力集团之间的矛盾。

（二）权力斗争与政党分裂

尽管阿塔姆巴耶夫卸任前在多种场合明确表示不会再出任政治高层职务，也不会干涉新总统的工作，但在热恩别科夫接任总统后，其不仅未顺利交权，还积极在政府的一些重要部门中安插亲信，试图架空热恩别科夫。热恩别科夫主政后，开始大刀阔斧地推进政治、经济和司法改革，其中包括加强地方行政改革、完善相关法律、推进数字化转型、打击贪污腐败、改善营商环境等。尤其是强力打击腐败的举措，使两任总统之间的矛盾日益尖锐化和公开化。在热恩别科夫授权下，吉尔吉斯斯坦检察机关对“过去10年中有关侵害国家财产的职务和经济犯罪进行重新审查，近1700起暂停审理或终止审理的案件被重新研究，450多起案件被重新调查”。[①] 在这一过程中，阿塔姆巴耶夫期间上任的总检察长英迪拉·焦尔杜巴耶娃、前总理萨帕尔·伊萨科夫、海关总署署长库尔马托夫、比什凯克前市长伊布拉伊莫夫·阿尔别克、第一副总理阿斯卡尔别克·沙季耶夫等高官纷纷因涉嫌贪腐而被解职。在反腐重拳下，阿塔姆巴耶夫留

① 《吉尔吉斯斯坦总统承认反腐斗争遇到阻力》，俄罗斯卫星通讯社，2018年7月13日，http://sputniknews.cn/society/201807131025875036/。（上网时间：2020年10月1日）

下的重要人事安排近乎被彻底轮换。其中前总理伊萨科夫的贪腐案直接涉及阿塔姆巴耶夫本人，吉尔吉斯斯坦检察机关在热恩别科夫的支持下开始对其展开调查。而阿塔姆巴耶夫也开始公开“炮轰”执政当局，并将相关反腐行动指认为“针对我和我家人的谎言及诽谤”。双方的矛盾和斗争，开始全面走向公开化。2019 年 6 月，吉尔吉斯斯坦最高议会通过表决剥夺了阿塔姆巴耶夫的“前总统”地位和司法豁免权，8 月，吉尔吉斯斯坦强力部门将其逮捕。阿塔姆巴耶夫被逮捕后，为了安抚其他反对派政治精英以稳定政局，执政当局允许曾被指控“以暴力手段改变宪法秩序罪”和“煽动国家、民族以及宗教仇恨罪”的奥穆尔别克·巴巴诺夫从莫斯科返回吉尔吉斯斯坦，并释放了曾因贪污腐败罪被投入监狱的奥穆尔别克·捷克巴耶夫，此举也使吉尔吉斯斯坦并未因前总统被逮捕而立刻陷入动荡。由于两任总统均出身自社会民主党，二者之间的权力斗争，直接导致议会第一大党社会民主党的分裂，一派由支持热恩别科夫的萨金别克·阿卜杜拉赫曼诺夫（Сагынбек Абдрахманов）领导，名为“没有阿塔姆巴耶夫的社会民主党”，另一派由支持阿塔姆巴耶夫的安瓦尔·阿蒂科夫（Анвар Артыков）领导，继续沿用“社会民主党”的称号，并退出议会以反对派自居。[①] 在议会选前登记注册和提名候选人阶段，两派相互攻讦，最终阿卜杜拉赫曼诺夫领导的一派宣布退出议会选举，而安瓦尔·阿蒂科夫领导的“社会民主党”在阿塔姆巴耶夫的长子赛德（Сеид Атамбаев）等人的参与下，更名为

---

① Топ－5 скандалов на старте избирательной кампании. [Электронныйресурс]. －URL：https：//24. kg/obschestvo/163934_vyiboryi－2020_top－5_skandalov_nanbspstarte_izbiratelnoy_kampanii/（дата обращения：14. 09. 2020）.

“吉尔吉斯社会民主党人党”（Социал－демократы Кыргызстана，СДК），继续参加议会选举。至此，在两任总统的权力斗争中，曾经赢得六届议会选举的社会民主党彻底走向分裂。除此之外，其他政党也出现分裂重组，如“共和国—故乡党”因矛盾而决裂，阿塔·梅肯祖国党与白鹰党先合后分，吉尔吉斯斯坦党与伟大的国家党、清洁社会党合并等。[①] 通过分化重组，有的政党实力大增，有的政党却走向没落。

（三）新党崛起与选纲竞争

在议会选举之前，吉尔吉斯斯坦的政党政治呈现出的“新党崛起、老党衰落”图景，乃是其议会选举政治中的常态。纵观竞争历届议会席位的政党，无外乎三类，即具有一定议会工作经验的政党、多次参加议会选举但未能成功的政党、首次参加议会选举的政党。在此次首次竞选最高议会席位的新生政党[②]中，团结党和我的祖国—吉尔吉斯斯坦党最受关注。团结党成立于 2014 年，其在热恩别科夫任职奥什市长时，还是一个青年运动组织，因与奥什当局共同致力于促进南部地区乌吉民族和解进程而受到关注，[③] 在此次议会选举中因吸收了来自共同党、社会民主党等的 28 名议员以及一些政府成员

① 忽中瑞：《吉尔吉斯斯坦议会选举形势及特点分析》，国务院发展研究中心，2020 年 9 月 18 日，http：//www. easdri. org. cn/newsinfo/2249090. html。（上网时间：2020 年 10 月 1 日）

② 这些新近组建的政党，包括团结党、我的祖国—吉尔吉斯斯坦党、正义发展党、远征党、改革党、社会民主党人党、部落党、爱国者党。

③ Matveeva A，Savin I，Faizullaev B. Kyrgyzstan，“Tragedy in the South”，Ethnopolitics Papers，Vol. 17，2012，pp. 2 –40.

而名声大增，尤其是总统热恩别科夫弟弟的加入，一度使该党被视为“准政权党”；而我的祖国—吉尔吉斯斯坦党成立于2015年，吸收了第六届议会的13名议员、6名政府高官以及大量知名企业家，①外加该党受热恩别科夫政府班底人物海关总署前副署长赖姆别克·马特拉伊莫夫（Раимбек Матраимов）家族的支持，因而也被视为“热门政党”。正是由于这些政治资本的加持，团结党、我的祖国—吉尔吉斯斯坦党以及亲总统的吉尔吉斯斯坦党，被认为最有可能跨过“双线门槛”成为议会党。②

“新党崛起、老党衰落”这一常态现象在2020年议会选举中又表现出一些新特性，即新老政党间有着明显的选纲竞争。新生政党在政策取向上趋于推行渐进改革，以促进社会发展和国家稳定；而老党则趋向激进求变，力主对政治体制进行重大变革。前者主要包括上述三个“热门政党”；后者主要包括社会民主党人党、共和国党、共同党、爱国者党、阿塔·梅肯党，它们的反对派立场则受到老牌政党统一吉尔吉斯斯坦党的支持。而参加此次议会选举的其他政党，几乎也都以“改革”为优先方向，提出了不同的政策主张。不过，他们中的大多数并未公开清晰地阐释如何将这些政策落实到位，而这也导致他们未能在选前宣传中获得足够关注。之所以如此，是因为有超过1/3的选民，将政治关注从候选人转移到了政党的施政纲领上。根据吉尔吉斯斯坦议会选举前的一项

① “Parties in Parliamentary Elections in Kyrgyzstan – What Are Their Chances”, Kabar News Agency, Angust 9, 2020, http: //en. kabar. kg/news/parties – in – parliamentary – elections – in – kyrgyzstan – what – are – their – chances/.（上网时间：2020年9月10日）

② Выборы – 2020. О партиях власти. ［Электронныйресурс］. – URL: 03. 02. 2020. https: //elgezit. kg/2020/02/03/vybory – 2020 – o – partiyah – vlasti/ (датаобращения: 03. 02. 2020).

研究结果，有 31% 的选民表示将以政党的施政纲领内容为主要考量因素而作投票决定，只有 24% 的选民表示将根据各政党的候选人名单作出选择。①

表 2－1　2020 年 10 月吉尔吉斯斯坦议会选举中主要政党的政策取向

新党		老党	
政党	政策取向	政党	政策取向
团结党	保护公民的权利和自由；加强族裔间的友谊；优先考虑反腐败；改革司法制度促进公平正义；建立逐步消除贫困的体制系统；引入免费医疗制度，建立高质量医疗保健系统	共同党	国家不应干预商业；总理由得票最多的政党提名并对其负责；提高政党组织、国家机构工作的公开性和透明度
		阿塔·梅肯祖国党	严打腐败，腐败和贿赂应被视为叛国罪；总理必须由议会选举中得票最多的政党任命；建立社会导向型市场经济模型
		社会民主党人党	从 2023 年起取消总统职位或将其权力降低为仪礼地位；建立一个没有总统实权的议会制共和国；加强执法机构和司法机关改革

① Nurzhan Kasmalieva, "What Do Kyrgyz Parties Propose in Their Pre－Election Programs", Kabar News Agency, Sep. 30, 2020, http://en.kabar.kg/news/what－do－kyrgyz－parties－propose－in－their－pre－election－programs/.（上网时间：2020 年 10 月 30 日）

续表

新党		老党	
政党	政策取向	政党	政策取向
我的祖国—吉尔吉斯斯坦党	为每个人创造平等的机会；将议员人数减半并精简政府机构；建立现代化的医院，引入健全的医疗保健系统；提高少数民族群体在议会中的代表性；保护居住在吉尔吉斯斯坦的各民族公民的权利，鼓励支持发展各民族的语言、文化传统；根据各地区优势，因地制宜制定发展政策	共和国党	取消总统职位，完全实行议会制，并授权总理全权负责内政外交；将议会代表人数减少到75人，并将政府各部委由16个减至7个；降低贷款税率并对医药、教育、旅游和新技术行业实行免税；清算所有国有企业和公司，并将资金用于支持中小企业的发展

资料来源：根据公开的部分竞选纲领整理，内容来源于吉尔吉斯斯坦24小时新闻网，https：//24. kg/。

据表2－1，由团结党和我的祖国—吉尔吉斯斯坦党为代表的新政党，在政策上聚焦“低政治”领域问题，以改善社会民生、增进国家福祉为目标，提出了保护公民权利、创造平等机会、逐步消除贫困、引入免费医疗、促进民族团结、发展地区优势产业等政策主张。这些政策针对吉尔吉斯斯坦当前失业率高企、民族关系紧张、区域发展不平衡、医疗卫生事业发展滞后等尖锐的社会民生问题而提出，在一定程度上为吉尔吉斯斯坦未来改革提供了明确的方向，也使这些政党迅速吸引了大量选民的认同。而由社会民主党人党、共和国党等为代表的老牌反对派政党，在政策上仍然聚焦于大多数民众日渐不关心的“高政治”领域问题，而对社会经济改革，要么政策过激，如共和国党要求全面清算国有企业和公司，以支持中小企业发展；要么缺乏针对性，如“以激进主义而为人所知”的改革党，主张“立即对所有领域进行基本改革”。① 一般而言，竞选纲领内容的差异化，有助于各个政党按照不同的路线来吸引选民支持，但在此次议会竞选中，这种差异不仅未能促进两派政党公平竞争，反而导致彼此双方相互拆台、恶意攻讦。

（四）选举结果与街头斗争

在新冠肺炎疫情大流行的社会环境中，为避免疫情的进一步扩散以及方便流动选民在就近选站投票，吉尔吉斯斯坦中央选举委员会全面引入了电子自动计票系统，并大规模启用了“第二表格”临时投票方案。② 为杜绝一些政党利用“第二表格”非法组织选民投票，吉尔吉斯斯坦还出台了相关法律，对利用“第二表格”破坏公平选举的行为人，处以最高 26 万索姆的罚款、最长 3 年的劳动惩戒或最高 2 年的监禁。③ 此外还规定禁止选民拍摄选票，对违反规定的

---

① Nurzhan Kasmalieva, “What Do Kyrgyz Parties Propose in Their Pre – Election Programs”, Kabar News Agency, Sep. 30, 2020, http://en.kabar.kg/news/what–do–kyrgyz–parties–propose–in–their–pre–election–programs/.（上网时间：2020 年 10 月 30 日）

② 所谓“第二表格”投票方案，是指吉尔吉斯斯坦中央选举委员会为方便那些身处外地且无法返回户籍地进行投票的流动选民，利用带有指纹生物识别的申请表变更投票地址，进而于选举日在其现居住地就近选站进行投票的临时方案。

③ Правозащитники просят проверить зарегистрированных по форме № 2.［Электронныйресурс］. – URL: https://24.kg/obschestvo/166631_vyiboryi–2020_pravozaschitniki_prosyat_proverit_zaregistrirovannyih_poforme_2/（дата обращения: 28.09.2020）.

选民处以 1 万索姆罚款的同时，取消其选票效力。然而，这些严厉的法律措施并没有真正杜绝选前舞弊行为。截至议会选举前夕，吉尔吉斯斯坦总检察长办公室累计收到了 83 份关于贿选和伪造选举文件的材料。① 鉴于吉尔吉斯斯坦几乎历次选举中都出现了一系列干扰选举进程的不稳定因素，执政当局加强了各个选站的安保力量。与此同时，吉尔吉斯斯坦新闻工作者独立联盟也宣布在议会选举进程中，利用新媒体技术监测和分析在线出版物、社交网络中的仇恨言论，以帮助有关部门提前对不法行为进行干预。② 2020 年 10 月 4 日，吉尔吉斯斯坦正式进入选民投票阶段。在投票日，媒体报道了一些异常情况，如有些选民戴的口罩上印有某些政党名字，但由于检察机关和中央选举委员会都无法判断这些行为是否与贿选有关，最终都未对相关政党采取措施。下午 8 点，中央选举委员会宣布投票结束，独联体选举观察团团长维克多·古敏斯基（Viktor Guminskiy）高度评价了此次选举“在独联体地区是首屈一指的”。③

---

① Генпрокуратура зарегистрировала 83 материала по подкупу голосов. ［Электрон-ныйресурс］. – URL：https：//24. kg/vlast/166969_vyiboryi – 2020_genprokuratura_zaregistri-rovala_83materiala_popodkupu_golosov/（дата обращения：30. 09. 2020）.

② Журналисты промониторят соцсети на использование языка вражды. ［Электрон-ныйресурс］. – URL：https：//24. kg/obschestvo/167066_vyiboryi – 2020_jurnal-istyi_promonitoryat_sotsseti_naispolzovanie_yazyika_vrajdyi_/（дата обращения：01. 10. 2020）.

③ Such Voting Complex as in Kyrgyzstan is First in CIS Region – Head of Election Observa-tion Mission. ［Электронныйресурс］. – URL：https：//akipress. com/news：648972：Such_voting_complex_as_in_Kyrgyzstan_is_first_in_CIS_region_ – _Head_of_Election_Observation_Mis-sion/（дата обращения：04. 10. 2020）.

表 2-2　2020 年 10 月 4 日吉尔吉斯斯坦议会选举初步计票结果（单位:%）

得票率／政党名称	比什凯克市	楚河州	纳伦州	塔拉斯州	伊塞克湖州	奥什市	奥什州	贾拉拉巴德州	巴特肯州
团结党	16.49	19.74	23.12	18.89	14.41	51.81	30.31	24.63	22.92
我的祖国—吉尔吉斯党	16.45	24.05	15.29	21.43	21.42	17.59	32.71	30.50	22.53
吉尔吉斯斯坦党	3.55	13.28	12.74	12.26	6.47	6.73	7.71	8.38	6.56
统一吉尔吉斯斯坦党	6.12	4.41	2.02	1.29	1.52	4.25	8.72	8.38	22.16
爱国者党	5.71	3.69	5.61	5.26	11.09	4.26	5.28	11.67	7.47
共和国党	10.45	5.57	5.76	18.91	9.14	2.26	2.23	2.79	3.32
阿塔·梅肯祖国党	5.49	5.32	5.66	5.74	7.03	4.51	2.32	2.00	3.27
正义发展党	4.88	3.49	6.60	5.33	4.71	1.89	1.81	2.54	3.00
共同党	2.25	1.76	2.36	1.58	1.49	2.06	4.00	3.79	4.50
远征党	4.89	3.59	4.05	1.28	8.16	0.28	0.19	0.39	0.22
现代人党	2.18	1.56	7.44	1.01	2.20	1.18	3.13	1.51	0.89
社会民主党人党	6.95	3.78	3.47	0.45	3.08	0.13	0.08	0.20	0.31
改革党	6.49	1.93	0.82	1.00	1.75	0.53	0.25	0.34	0.33
祖国团结党	1.04	0.52	0.74	1.63	2.81	0.08	0.06	0.21	0.25
“部落”党	0.33	0.51	0.25	0.38	0.29	0.03	0.04	0.11	0.18
阿富汗战争退伍老兵党	0.42	0.29	0.16	0.07	0.11	0.05	0.07	0.07	0.09
反对所有者	4.52	2.63	2.44	1.46	2.69	0.94	0.41	0.70	0.59

资料来源：根据吉尔吉斯斯坦 24 小时新闻网 2020 年 10 月 4 日公布的数据整理，https://24.kg/vlast/。

10 月 4 日当晚 10 点左右，中央选举委员会公布了国内 2430 个投票站的部分计票结果，团结党、我的祖国—吉尔吉斯斯坦党、吉尔吉斯斯坦党、统一吉尔吉斯斯坦党等以大比分胜于社会民主党、共和国党等老牌政党，提前突破议会选举的“双线门槛”。然而，这一选举结果不仅未能保证“优胜党”进入议会，反而招致“败选党”的激烈抗争，将吉尔吉斯斯坦政局推入动荡的涡流中。改革党率先公开抨击选举是“最肮脏、最不诚实的选举”，并宣称“我们党不会承认投票结果，我们将继续战斗”。① 随后，质选情绪迅速扩散，共同党、共和国党、社会民主党以及以略微优势“跨过”选举门槛的统一吉尔吉斯斯坦党等选票落后方，集体拒绝接受选举结果。社会民主党带领部分支持者在议会大楼外短暂集会，呼吁吉尔吉斯斯坦人民不要接受选举结果，并宣称将联合其他政党组织更大规模的示威抗议活动。②

2020 年 10 月 5 日，在反对派势力的施压下，中央选举委员会开始对国内各个选站进行人工计票，而后宣布统一吉尔吉斯斯坦党与爱国者党跨过了 7% 的选举门槛。③ 这一结果不仅没有平息抗议浪潮，反而激起了反对派势力对选举公正性的更大质疑，并要求政府在给定时间内宣布选举结果无效。由于当局并未回应，抗议人群开始打砸抢并冲击议会大楼，试图“抓捕”总统热恩别科夫，但被安全部队驱散。为避

① В партии《Реформа》заявили о продолжении политической борьбы. [Электронныйресурс]. - URL: https: //24. kg/vlast/167478_vyiboryi - 2020_vpartii_reforma_zayavili_oprodoljenii_politicheskoy_borbyi/ (дата обращения: 04. 10. 2020).

② Аида Джумашова. Члены партии《Социал - демократы》разошлись. Обещают выйти завтра, [Электронныйресурс]. - URL: https: //24. kg/vlast/167482_vyiboryi - 2020_chlenyi_partii_sotsial - demokratyi_razoshlis_obeschayut_vyiyti_zavtra/ (дата обращения: 04. 10. 2020).

③ 人工计票结果为：团结党 25. 98%、我的祖国—吉尔吉斯斯坦党 24. 56%、吉尔吉斯斯坦党 8. 96%、统一吉尔吉斯斯坦党 7. 62%、爱国者党 7. 26%、共和国党 5. 18%、阿塔·梅肯祖国党 3. 71%、正义发展党 3. 22%、共同党 3. 21%、现代人党 2. 25%、远征党 1. 91%、社会民主党人党 1. 38%、改革党 0. 96%、祖国团结党 0. 59%、“部落”党 0. 17%、阿富汗战争退伍老兵党 0. 13%。

免政治骚乱，总统热恩别科夫宣布于10月6日上午与各政党见面。到10月6日凌晨，示威人群高喊“热恩别科夫辞职”的口号，再次冲击议会大楼和其他政府机构，前总统阿塔姆巴耶夫、前总理伊萨科夫、反对派议员萨迪尔·扎帕罗夫（Садыр Жапаров）等也被释放。当日，吉尔吉斯斯坦政治局势迅速恶化，伊塞克湖州、塔拉斯州、纳伦州、比什凯克市等州市，政府被反对派政党支持者所占领，总理和议长等一些高官也被迫宣布辞职。热恩别科夫发表全国讲话，谴责“一些政治力量试图非法夺取国家政权”。[①] 随后，南方奥什市也集中爆发支持总统热恩别科夫的游行活动，并引发了小规模的冲突。吉尔吉斯斯坦的政治危机与疫情危机在动荡中持续加剧。控制议会和政府后，反对派内部开始出现分歧。围绕着任命总理和成立“临时政府”等问题，分歧双方先后成立了两个并立的“协调委员会”[②]。随后几天中，“协调委员会”一方面忙于内部缠斗，另一方面就总统辞职等问题向执政当局持续施压。

2020年10月9日上午，总统热恩别科夫再次发表全国讲话，“对我来说，没有哪个职位比国家的完整，人民的团结和社会的宁静更高……在行政当局的合法首长获得议会批准，并且国家重回合法道路后，我将辞去总统职位。”[③] 同日下午，热恩别科夫签署总统令

---

① Сооронбая Жээнбекова. Некоторые пытались незаконно захватить власть. 06. 10. 2020. [Электронный ресурс]. – URL: https://24. kg/vlast/167821_zayavlenie_sooronbaya_jeenbekova_nekotoryie_pyitalis_nezakonno_zahvatit_vlast/ (дата обращения: 6. 10. 2020).

② 注：两个并立的协调委员会是指由共同党、社会民主党、共和国党、阿塔·梅肯祖国党、现代人党、统一吉尔吉斯斯坦党、爱国者党等政党领袖组成的“协调委员会”，以及由其他反对派政党领导人组成的“人民协调委员会”。

③ Дарья Подольская. Президент Сооронбай Жээнбеков готов уйти в отставку. При каких условиях. [Электронный ресурс]. – URL: https://24. kg/vlast/168408_prezident_sooronbay_jeenbekov_gotov_uyti_votstavku_pri_kakih_usloviyah/ (дата обращения: 9. 10. 2020).

宣布比什凯克市进入紧急状态，实行宵禁并禁止游行、罢工等大规模集会活动。12 日，政府当局夺回了被反对派占领的议会大楼，并宣布比什凯克市再次进入紧急状态。此时，继欧盟之后，哈萨克斯坦、英国、联合国等国家和国际组织领导人，开始公开支持热恩别科夫总统地位的合法性和权威性，同时呼吁各方势力回归到宪法框架下和平谈判。然而，国际社会的支持并未改变反对派政党及其支持者的态度。14 日，在热恩别科夫签署总统令任命扎帕罗夫为总理之后，扎帕罗夫的支持者再次上街集会，要求热恩别科夫辞职，15 日，他们又一次举行集会并发出最后通牒，“如果索隆拜·热恩别科夫在下午 3 点之前不辞职，那么萨迪尔·扎帕罗夫总理的支持者将前往阿拉·阿尔恰总统官邸”。[①] 在反对派力量的步步紧逼之下，为避免出现流血事件，热恩别科夫随后就社会政治形势发表全国讲话，呼吁和平并宣布辞职。[②] 16 日，由于议长拒绝出任代理总统，根据宪法规定，则由新上任的总理扎帕罗夫代行总统职务。至此，这场由选举引发的政治变局，以总统辞职、反对派政党掌权而落下帷幕。然而，危机并未结束，正如政治分析家梅迪特·蒂列尔根诺夫（Медет Тюлегенов）指出，对反对派政党而言，这“不能算是一次彻底的胜利。在任何情况下都不可能取得完全的胜利。尽管现在所有正式的权力机构已经恢复并正常运作，但各个政治集团间仍然存在着诸多

① Юрий Копытин. Митинг в Бишкеке. Сторонники премьер – министра выставили очередной ультиматум. ［Электронныйресурс］. – URL：https：//24. kg/vlast/169422 _ miting _ vbishkeke_storonniki_premer – ministra_vyistavili_ocherednoy_ultimatum/（дата обращения：15. 10. 2020）.

② Президент Кыргызстана ушел в отставку. ［Электронныйресурс］. – URL：https：// 24. kg/vlast/169425_prezident_kyirgyizstana_ushel_votstavku/（дата обращения：15. 10. 2020）.

悬而未决问题”。①

二、2020 年议会选举中政局生变的多维分析

反对派政党以选举为契机，鼓噪街头政治进而夺权，已成为吉尔吉斯斯坦政治难以破解的“魔咒”。2020 年吉尔吉斯斯坦议会选举中的政权更迭，是一场由部分反对派政治精英以议会选举为契机，通过否认选举结果拉拢其他政党，并操纵疫情下部分情绪消极的选民，以夺取政权、维护既得利益为目标而制造的政治变局。吉尔吉斯斯坦在保持了十年的政治稳定后，突然发生政权更迭，这是其体制性弊病与社会性问题双重累加的结果。

（一）权力斗争激化招致旧势力有预谋地推动街头政治

所谓街头政治，是指“由政治组织或社会团体为了达到既定的政治目的，有计划有组织地发动广大群众上街集会、游行进行抗争的政治活动”。② 在过去两次“革命”中，南北斗争、家族专制是街头政治的直接动因，但在这次政治变局中，对选举结果的不满

① Тимур Токтоналиев. Кыргызстан: противоборствующие стороны нащупали хрупкий компромисс. [Электронныйресурс]. – URL: https://cabar.asia/en/fragile – compromise – calms – kyrgyz – crisis (дата обращения: 15.10.2020).

② 于长江：《街头政治研究》，《江苏海洋大学学报（人文社会科学版）》2019 年第 1 期，第 5 页。

取代了部族主义和区域主义，成为广泛动员的基础。而新旧势力间权力斗争的激化，则是造成政权更迭的更深层因素。选后各政治派系之间的政治斗争虽然带有南北之争的烙印，但反对派政党以及执政当局的支持者，都没有在相互对抗中鼓噪带有部族主义和区域主义的政治对立话语。在前两次政治动荡中，无论政治高层，还是社会内部，都充斥着对专制腐败的家族政治的强烈不满情绪。但热恩别科夫任职以来，除了两任总统斗争初期，社会内部对“家族政治”有过短暂讨论外，[①] 无论是反对派政党，还是独立媒体，都没有以“家族政治、贪污腐败、任人唯亲、裙带护阴”等为由，激烈地批评和抨击总统执政的合法性。可以说，部族问题或家族政治并非构成这次议会选举中街头政治的主要诱因。统观参与选后斗争的反对派政党，既有来自北方的，也有来自南方的，它们因要求取消议会选举结果而相互靠拢。尤其是在斗争进程中逐渐取得领导权的南方政党统一吉尔吉斯斯坦党和爱国者党，在已经跨过议会选举门槛的情况下，仍强烈抨击执政当局，并积极与其他反对派政党共同采取行动对总统施压。而亲总统的政治精英在声援执政当局时，则极力保持克制，避免煽动区域仇恨。如政局动荡发生后，为避免南北撕裂，总统弟弟阿赛尔别克·热恩别科夫（Асилбек Жээнбеков）第一时间回到南部重镇奥什，在劝解疏导示威人群时，强烈呼吁“人民必须团结一致，应保持民族间的和谐。我们不必将国家分为北方和南方……分裂国家只会使我们

① 《热恩别科夫谈近亲属是做什么的》，吉尔吉斯斯坦卡巴尔国家通讯社，2018 年 12 月 20 日，http：//cn. kabar. kg/news/lu1071/。（上网时间：2020 年 10 月 13 日）

的外部敌人受益”[①]。由此可见，虽然权力斗争带有南北斗争的色彩，但南北问题并非是造成此次政治动荡的重要诱因。

在吉尔吉斯斯坦的政治发展中，对选举结果不满并不必然造成政权更迭，但在新旧政治势力间的矛盾不可调和时，权力斗争的激化则会将弥漫的不满情绪转化为政治稳定的解构力量。“索隆拜·热恩别科夫的执政危机，始于他和他曾经最亲密的战友——前总统阿塔姆巴耶夫之间的分歧和争执。”[②] 阿塔姆巴耶夫在担任总统的最后一年中，积极推动修宪的核心目的，是加速向议会制过渡，为社会民主党赢得2020年议会选举创造制度条件。然而，选举前两任总统之间权力斗争的尖锐化和公开化，彻底浇灭了阿塔姆巴耶夫及其追随者通过赢得2020年议会选举，继续掌控国家政权的希望，这也激化了其支持者与热恩别科夫之间的矛盾。在议会选举前几个月，阿塔姆巴耶夫长子赛德集结了同一立场的议员和党内成员组党参选，并试图通过选后挑起街头抗议向政府施压，进而释放阿塔姆巴耶夫及其支持者以重新掌握政权。为达到这一目的，在议会选举初步结果公布后，该党率先集结其支持者进行街头抗议。在社会民主党人党的鼓噪下，其他反对派政党的政治诉求也开始由要求取消选举结果转变为要求总统下台。反对派政党在控制议会之后，迅速另立政府与总统对抗。在统一吉尔吉斯斯坦党领袖马杜马罗夫和爱国者党

① Akipress, “MP Asylbek Jeenbekov Addressed the Crowd”, Oct. 6, 2020, https://akipress.com/news: 649135: _b_LIVE__Osh_rally_/b___MP_Asylbek_Jeenbekov_addressed_the_crowd/.（上网时间：2020年11月6日）

② Татьяна Кудрявцева. Плюсы и минусы президентства Сооронбая Жээнбекова. [Электронныйресурс]. – URL: https://24.kg/vlast/169596_plyusyi_iminusyi_prezidentstva_sooronbaya_jeenbekova/ (дата обращения: 17. 10. 2020).

领袖塔西耶夫等领导的“协调委员会”的斡旋下，刚从监狱释放出来的爱国者党成员扎帕罗夫迅速被推向总理职位。而在政治变局中被释放的阿塔姆巴耶夫，却惨遭再次逮捕和软禁。在再次掌权的愿景化为泡影后，阿塔姆巴耶夫势力公开谴责称“革命果实被窃取了”。[①] 由此可见，对选举结果的不满构成了街头政治的动员基础，而新旧势力之间权力斗争的激化，则是热恩别科夫政权在街头政治中被更迭的更深层原因。正如吉尔吉斯斯坦中亚问题专家伊戈尔·舍斯塔科夫所言，“这次事件并没有任何革命性的内容……总体情况表明，与2005年和2010年革命不同，现在没有理由以武力进行政权更迭……更像是选举结束后针对某些政治势力的暴动。”[②]

（二）“合法反对”让位于“暴力抗争”

吉尔吉斯斯坦的议会选举制度本质上是一种“党争民主”为主要模式的竞争性选举制度。所谓“党争民主”，是指在实行多党政治的代议制的国家中，在选民一人一票制原则下，政党通过竞争选票赢得选举，进而参与国家政权的一种形式。在这种选举制度下，政党与选民之间的关系，仅能在选举期间得以维持，一旦选举进程结束，二者之间的关系将不复存在。无论是在西方发达国家中，还是在其他发展中国家里，“党争民主”往往导致“否决型政治”的形

---

① Akipress, “‘Revolution Was Stolen’, MP Elvira Surabaldieva Apologizes to Protesters”, Oct. 13, 2020, https://akipress.com/news:649604:_Revolution_was_stolen___MP_Elvira_Surabaldieva_apologizes_to_protesters/.（上网时间：2020年11月13日）

② 《中亚“民主岛”接下来会发生什么?》，腾讯网，2020年10月19日，https://new.qq.com/omn/20201019/20201019A0F0DN00.html。（上网时间：2020年10月20日）

成，即不同派系的政党彼此对对方的纲领、方针、政策持以否定态度。在“党争民主”模式下，胜选的政党一旦进入政权内部，其目标不是要发展人民福祉，而是要利益分肥；而败选的政党对选举结果往往采取质疑、否定的态度。如果国家的法治化水平较低，那么败选的政党则极有可能通过暴力手段推翻政权。在高度异质化的社会中，“党争民主”模式往往会加剧社会内部的分裂和选民间的敌意，导致“为反对而反对的政党政治”出现。吉尔吉斯斯坦的宪法和法律，并不反对选民在选举结束后，通过和平集会的方式表达政治意见，同时也不限制各个政党通过合法途径与方式展开谈判和斗争。然而，由于吉尔吉斯斯坦法治的不成熟，“党争民主”模式中的抗争政治，往往偏离法治轨道，造成“合法反对”让位于“暴力抗争”。

在过去相当长时期内，盛行于国家政权内部的部族政治、区域政治和恩庇政治，使吉尔吉斯斯坦的反对派政党与执政派政党始终处于高度紧张的恶性竞争状态中。无论是总统选举，还是议会选举，都伴随着激烈的选后斗争，尤其是反对派政党，通过选后街头斗争来实现政治诉求，已成为它们最为熟悉也最常用的手段。各个政党都曾试图寻找新的利益协调机制，通过合作来共同影响政权。但由于议会制政体尚处于建构阶段，民主法治文化发展迟滞，政党间的利益协调也不充分，在此背景下，热恩别科夫执政当局持续推进的政治改革和反腐斗争，让诸多反对派政治精英忧虑总统是在“借反腐之名清除异己”。“人人自危”的反对派政治精英对执政当局的不信任感和派系斗争思维也迅速被再次激活。在 2020 年议会选举中，尽管选举投票进程受到国际观察团的认可和赞誉，但选举结果预示着吉尔吉斯斯坦将出现一个近乎没有反对派政党的议会，这直接触及到了反对派政党最为敏感的神经。于是，在败选政党及其支持者的推动下，“党争民主”模式下的竞争性选举恶化成敌对性政治，议会斗争变成了街头斗争，压力机制退变为暴力机制。一切“合法反对”的途径和手段都被弃置一旁，选后抗争则滑向暴力夺权。吉尔吉斯斯坦的政治发展，在经历了十年的和平进程后，似乎又吊诡地回到了“起点”，再次陷入“民主—混乱—政权更迭”的怪圈。

（三）政党政治共识破裂引发国家政权的合法性危机

尽管历次政治动荡都有大量选民的参与，但吉尔吉斯斯坦的政党政治仍旧是一种精英政治。所谓精英政治，是指在一国政治生活中处于优势地位的政治精英，通过权力继承或选举进入政权内部，或直接或间接地利用国家机构进行政治统治、社会治理和价值分配的政治运行模式。在多党制国家中，“党争民主”意味着竞争性权力共享。“党争民主”模式下的竞争性权力共享，又往往以一定的政治共识为基础。政治共识是“党争民主”有序运作的必要前提。政治共识可粗分为三大层次，即政策共识、政体共识和国家共识。“政党正是因其曾经承担的代表功能、表达功能和组织功能等基本功能，才被视为‘好东西’”[①]，但也“由于政党的‘派系’天性、‘寡头统治’倾向以及‘经济人’行为，政党竞争往往会诱发政党政治共

① 叶麒麟：《共识危机：政党政治危机研究中一个被遗漏的议题》，《国外理论动态》2017 年第 9 期，第 122 页。

识危机”，“所谓政党政治共识危机，是指各个政党在有关政党政治生活的价值观念和规范准则等方面未能达到共同认同”①。政党政治共识的破裂，会直接导致政党对政府政策、政治体制甚至国家政权的认同危机，往往会引发反对派势力的强烈抗争，甚至通过革命或政变的方式，否定现政权的合法性。

“党争民主”模式下政党政治的有序运行，依赖于以寻求共识为取向的政治文化。吉尔吉斯斯坦高度分裂的社会结构，使其不可避免地形成了碎片化的政治文化。形态各异的部族主义、区域主义、民族主义等政治文化，在加剧社会分裂的同时，也导致政党政治缺乏统一且稳定的意识形态基础。在2020年议会选举中，我的祖国—吉尔吉斯斯坦党提出了“欧亚主义”意识形态，试图以这种社会民主主义意识形态来塑造出更具包容性的新政治文化，但并未引起其他政党的共鸣。在吉尔吉斯斯坦独立以来的政治进程中，政治精英结构由最初的苏共党化结构，经技术官僚结构和家族寡头结构的演化，已进入政治共识型结构的建构阶段。② 在经历了两次“革命”后，政治精英间逐渐形成了一定的政治共识，如多党联合执政以抗拒独裁专制、南北轮流坐庄以规避政治分裂、打击严惩腐败以消除家族政治、促进民族和解以维护社会稳定等。政党政治也在这种政治共识基础上运作。不过，由于吉尔吉斯斯坦政治精英普遍缺乏国家利益意识，过于强调小团体和政党的利益，因而这些建立在共同

① 叶麒麟：《社会分裂、弱政党政治与民主巩固——以乌克兰和泰国为例》，中央编译出版社2014年版，第33—37页。

② 王林兵、雷琳：《吉尔吉斯斯坦的现代政治精英研究——起源、特点、变迁与影响》，《俄罗斯研究》2018年第6期，第76—81页。

“革命记忆”和利益分配基础上的政党政治共识，其根基十分薄弱。即使各政党都在努力改变政治观念和行为模式，但任何打破权力平衡的国家政策和政治进程，都可能瓦解这种脆弱的政治共识。在议会选举竞选过程中，不同派系的政党分别提出了两种内容迥异的施政纲领，这无形中造成了新老政党派系间利益的对立。在新旧政治势力的斗争矛盾尚未走向和解，选举结果又不符合反对派政党利益的情况下，建立在避免分裂和维护稳定基础上的政治共识便迅速在街头政治中被肢解。反对派政党对总统反腐政策的敌视，对政府的不信任以及对亲总统政党的施政纲领的不认同等相互交织，不断加剧着吉尔吉斯斯坦政党政治的共识危机，最终导致热恩别科夫政权的合法性被彻底否定。

（四）疫情选情双重累加加剧选民分裂与群体极化效应

由于宪法规定，总统任期只有 6 年，且同一人不能两次当选总统。急于改变国家政治经济现状的热恩别科夫，在执政后大力推行政治经济“双轨并行”的改革路线。通过 3 年努力，吉尔吉斯斯坦全国贫困发生率从 2017 年的 25.6% 降至 2019 年的 20.1%，极端贫困人口比重从 0.8% 降至 0.5%。然而，受 2020 年新冠肺炎疫情的影响，吉尔吉斯斯坦改革的政策红利被经济衰退所吞噬，侨汇收入锐减，这无疑加剧了人民的贫困状况。不过，吉尔吉斯斯坦国家统计局的数据也显示，侨汇收入对南部地区的影响远大于北方，尤其是将劳务移民收入从消费成本中扣除后，南部地区的贫困率大幅提高，而北部地区则几乎没有明显变化。此外，从地域看，2017 年至 2019

年3年间，吉尔吉斯斯坦北部地区贫困率总体下降幅度要高于南部地区。可吊诡的是，在吉尔吉斯斯坦2020年的政治变局进程中，深陷贫困境遇的南部民众，并没有积极响应来自南部地区的反对派政党的号召，去激进地攻击政府；而攻占中央政府和地方行政机构的力量，则主要来自北方。尽管许多学者认为贫困是政权更迭的主要原因，但2017年以来的贫困率数据至少一定程度上表明，贫困并非导致政治变局的根本原因。但不可否认的是，贫困问题助推了反对派的力量和势头，正如热恩别科夫在评论引发政权更迭的选举时所言，“消除贿赂，有必要改善人民的经济状况。我们正在为此而努力，对我们来说这是主要的任务和目标”①。

在欠发达国家中，社会经济现代化迟滞、政治制度不稳固、民主法治不健全等，是政治动荡的普遍性原因，但并非存在这些问题的国家就一定会发生革命或政变。在一些情况下，社会分化和选民分裂，更容易将社会运动推向政治革命或政变。由于民族关系紧张、经济状况低下、政治动荡频发等多种因素影响，吉尔吉斯斯坦社会内部一直弥漫着挥之不去的沮丧情绪，但在这种氛围中，大多数民众选择忍耐并积极寻求新的生活出路，对政治关注度不高，此次议会选举历史最低的投票率（仅53.74%②）便是例证。只有少数群体，把这种沮丧情绪转化为激进的政治态度。不同的政治心理，使

---

① Президент признал, что подкуп избирателей стал проблемой, [Электронныйресурс]. – URL: https: //24. kg/vlast/167653_vyiboryi – 2020_prezident_priznal_chto_podkup_izbirateley_stal_problemoy/ (дата обращения: 18. 10. 2020).

② Выборы – 2020. Таласская область отдала предпочтение《Мекеним Кыргызстану》. [Электронныйресурс]. – URL: https: //24. kg/vlast/167471_vyiboryi – 2020_talasskaya_oblast_otdala_predpochtenie_mekenim_kyirgyizstanu/ (дата обращения: 04. 10. 2020).

吉尔吉斯斯坦选民分化为两类，一类政治态度保守，在行使投票权后，并不热衷其他政治活动，另一类政治态度激进，在选举前后积极以行动表达政见。由此可见，选举后的政治运动，只是一部分社会群体或政治集团获取利益的手段和方式，但它的形成并不代表普遍的民意。正如政治分析家谢拉迪尔·巴克蒂古洛夫（Шерадил Бактыгулов）指出："在吉尔吉斯斯坦，尽管民众受教育程度低且政治意识模糊，但他们的政治态度已经发生了转变。遗憾的是，当人民想要真正的改变时，现实却朝着事与愿违的方向发展。"①

表 2-3　吉尔吉斯斯坦 2017—2019 年全国及各地区的贫困率（单位：%）

年份 地区	2017 年		2018 年		2019 年	
	实际贫困率	不计侨汇收入的贫困率	实际贫困率	不计侨汇收入的贫困率	实际贫困率	不计侨汇收入的贫困率
全国	25.6	34.0	22.4	32.2	20.1	31.2
巴特肯州	40.5	60.2	33.8	54.6	32.6	53.7
贾拉拉巴德州	32.6	43.0	32.2	44.9	26.9	42.4
奥什州	14.3	32.5	14.8	36.1	14.0	37.7
奥什市	33.5	41.5	35.5	42.1	20.7	26.9
伊塞克湖州	24.2	25.3	21.5	24.4	24.4	26.8
纳伦州	29.2	29.2	30.6	30.6	28.1	28.5

① Мехриниса Сулайманова: Подкуп избирателя – одна из основных проблем парламентских выборов Кыргызстана. [Электронныйресурс]. – URL: https://cabar.asia/ru/podkup-izbiratelya-odna-iz-osnovnyh-problem-parlamentskih-vyborov-kyrgyzstana (дата обращения: 28.09.2020)

续表

地区＼年份	2017 年		2018 年		2019 年	
	实际贫困率	不计侨汇收入的贫困率	实际贫困率	不计侨汇收入的贫困率	实际贫困率	不计侨汇收入的贫困率
塔拉斯州	20.7	21.6	22.1	24.0	13.3	16.5
楚河州	33.3	36.7	15.6	19.5	19.1	24.9
比什凯克市	15.9	15.9	15.4	15.6	11.9	11.9

资料来源：Национальный статистический комитет Кыргызской Республики：Уровень бедностив Кыргызской Республике。

从选举地理视角看，尽管吉尔吉斯斯坦的各政党都带有一定的地域性色彩，但它们的选民并没有清晰的界限，一些南方政党在北方也可以拥有可观的选票，北方政党亦是如此。由于民众普遍对政治制度的认知与理解程度不高，在选举前后政治斗争失控时，群体极化效应会进一步加剧事态的恶化。所谓“群体极化”，是指拥有共同立场的大众群体，在特定事件的刺激下，逐渐达成意见统一并积极采取行动，直至偏离理性轨道走向极端的一种社会现象。在激烈的议会选举竞争中，群体极化效应往往导致保守的选民更加缄默，激进的选民更加活跃。在“党争民主”模式下，态度激进的选民往往视自身与其政党为一体。当其支持的政党失利后，他们往往把囿于内心的社会沮丧感和政治不满情绪，以极端的方式表达出来，甚至不惜以暴力的方式瓦解政治秩序。在吉尔吉斯斯坦2020年议会选举中，疫情与选情的双重叠加，不断强化着部分选民的激进态度和立场。正是这些激进选民的群体极化效应，助推着选后政治斗争的白热化，最终以极端的方式推翻了热恩别科夫政权。

三、2020 年政治变局后议会政治的发展态势

“在很多人看来，吉尔吉斯斯坦正在失去其中亚民主岛的形象，并开始被认为是一个正在经历制度危机的国家。但无论如何，社会中的抗议部分是支持吉尔吉斯斯坦事件的，这种支持更像是对精英阶层的教训，也是对特权阶层疲倦的表现。”① 在过去两次政局动荡和数次修宪斗争中，吉尔吉斯斯坦的政治体制几经流变，但都未能走出制度危机，2020 年政权更迭的发生就是最好的例证。通过夺权上台的政治精英，或许对制度危机同样束手无策，但毫无疑问的是，他们将积极推进变革。

（一）议会选举制度将持续调整，但党争民主弊病难改

吉尔吉斯斯坦的议会选举制度，在过去总统与议会的斗争中几经变革。多数代表制、混合代表制②、政党比例代表制等，在不同时

① Как общество и власть в вашей стране оценивают события, происходящие в Кыргызстане? [Электронныйресурс]. – URL: https: //cabar. asia/ru/kak – sobytiya – v – kyrgyzstane – mogut – povliyat – na – strany – tsentralnoj – azii（дата обращения: 09. 10. 2020）

② 混合代表制是指在选举中分别采用多数代表制和比例代表制两种选票计算方法。

期都曾被引入议会选举中，吉尔吉斯斯坦目前实行的是政党比例代表制。2020 年政权更迭后，各党派围绕着减少议会席位、变革计票方式、限制议员任期、降低选举门槛等问题展开了激烈地讨论。在议会席位数量设置上，一些政党主张将席位减少至当前的一半即 60 个，也有政党主张降至 75 个，而扎帕罗夫等当权派则主张降至 50 个。尽管在席数设置上莫衷一是，但在减少议席这一问题上则达成了共识。在计票方式上，大多数政党仍主张实行政党比例代表制，因为这样不会剥夺小党进入议会的权力，从而显得更加公平。但其他政党则主张实行多数代表制，因为在政党比例代表制下，政党编制候选人名单的过程缺乏透明度，削弱了公众对政党政治的信任。针对这一争论，吉尔吉斯斯坦的一些政治学家认为，应该采用多数代表制。“如果在下次选举中，我们按照混合代表制或完全按照多数代表制进行投票的话，我一点也不会感到惊讶。因为社会对此有需求，在社交网络中，已经有很多人呼吁是时候放弃政党比例代表制了。在我看来，多数代表制将在五年内通过立法确认下来。”① 在议员任期及当选次数的问题上，主张采取限制措施的一派认为，有助于政治精英队伍更新，避免垄断性特权和贪污腐败；而意见相左的一派则认为，限制议员任期和任职次数，剥夺了选民为他所支持的人物投票的权利。②

① Мария Орлова. Кыргызстан может вернуться к мажоритарной системе. [Электронныйресурс]. – URL: https: //24. kg/vlast/167548 _ vyiboryi – 2020 _ kyirgyizstan _ mojet_vernutsya_kmajoritarnoy_sisteme/ (дата обращения: 05. 10. 2020)

② Тамерлан Ибраимов: Люстрация для Жогорку Кенеша. Пора ограничить количество депутатских сроков. [Электронныйресурс]. – URL: https: //24. kg/vlast/166113 _lyustratsiya _ dlya_ jogorku _ kenesha _ pora _ ogranichit _ kolichestvo _ deputatskih _ srokov/ (дата обращения: 05. 10. 2020)

表 2－4　2010—2020 年吉尔吉斯斯坦不同选举门槛下议会党数量（单位：个）

双线门槛	2010 年	2015 年	2020 年
3%/0.3%	6	7	9
4%/0.4%	6	7	7
5%/0.5%	5	7	6
6%/0.6%	4	7	5
7%/0.7%	3	6	4
8%/0.8%	1	5	3
9%/0.9%	0	4	2

资料来源：根据吉尔吉斯斯坦三次议会选举中官方公布的各政党得票率计算而来。

在选举门槛设定上，诸政党都主张降低门槛限制。在吉尔吉斯斯坦 2020 年议会选举之前，“双线门槛”已从 9% 和 0.9% 降至 7% 和 0.7%，在政局生变后，一些政党主张恢复到 5% 和 0.5%，但最终吉尔吉斯斯坦宪法委员会将选举门槛调整为 3% 和 0.3%，并把政党必须缴纳的竞选基金从 500 万索姆减少至 100 万索姆。[①] 在吉尔吉斯斯坦议会制时代以来的三次议会选举中，议会选举门槛越高，进入议会的政党数量就越少，反之就越多。在 2010—2020 年三次议会选举中，每次都有 20 个以上数量的政党打算参加竞选，但其中的大多数因无法筹集 500 万索姆的竞选基金，而不得不退出选举。即便如此，在这三次议会选举中，也有 4—6 个政党成为议会党。在议会选举“双线门槛”和竞选基金都降低的情况下，将有 10 个以上政党进入最高议会。但并非进入议会的政党数量越多，就越有利于政治

① “Constitutional Legislation Committee Passes Amendments Reducing Election Threshold to 3% in 1st Reading”, AKIpress, Oct. 16, 2020, https: //akipress. com/news: 649775: Constitutional_Legislation_Committee_passes_amendments_reducing_election_threshold_to_3__in_1st_reading. (上网时间：2020 年 11 月 6 日)

发展，相反，议会内“有效政党的数量越多，政府的稳定性和持久性就越低”①。如2010—2015年间，尽管只有5个议会党，但由它们组建的执政联盟却流变了6次。吉尔吉斯斯坦一些政治学家认为，“吉尔吉斯斯坦各政党很不成熟，每个政党都认为自己是一支积极力量，以至于他们很难相互妥协”，“议会最好由5个左右的政党组成，最少的政党数目将减少了政治回旋的范围，避免无休止的讨价还价”。② 降低议会选举门槛，虽然有助于减少选后街头政治的风险，但并不能解决“党争民主”模式下的派系斗争问题，反而会加剧议会的松散性和软弱性。

（二）政党派系斗争持续升温难以构筑深层政治共识

议会制政体宪性确立以来，虽然执政联盟是由多个议会党组成，但吉尔吉斯斯坦的政党结构并非合作性政党结构，而是竞争性政党结构。所谓竞争性政党结构，是指在没有明确执政党的两党制或多党制的国家中，各政党以宪法和法律为基本框架，通过既定的程序和规则，参加代议机构的席位竞争，进而以轮流执政方式进行政治统治的一种党际关系类型。吉尔吉斯斯坦竞争性政党结构的形成，与其引入西方的竞争性选举模式有关。但在这种选举模式中，人民不过是提供选票的工具，其任务不是进行国家管理，而是选举出政

---

① Arend Lijphart, “Democracies: Paterns of Majoritarian and Consensus Government in Twenty - One Countries”, Yale University Press, September 10, 1984, p. 125.

② Мария Орлова. Кыргызстан может вернуться к мажоритарной системе. [Электронныйресурс]. – URL: https://24.kg/vlast/167548_vyiboryi - 2020_kyirgyizstan_mojet_vernutsya_kmajoritarnoy_sisteme/ (дата обращения: 05. 10. 2020)

党。政党参加选举的根本目标，也不再是推进公共福利，而是“在竞争性选举的民主过程中战胜对手，取得或保持政权”。正是受这种竞争性选举模式的影响，吉尔吉斯斯坦的诸政党在议会选举中，往往对其他政党抱有深刻的敌意。当这种敌意具体化为选举后政治安排时，政治斗争将会持续升温，党际关系也将从“民主竞争”滑向“相互倾轧”。

根据政治立场不同，可以把参加吉尔吉斯斯坦 2020 年 10 月会议选举的主要政党划分为三类。第一类，以团结党、我的祖国—统一吉尔吉斯斯坦党、吉尔吉斯斯坦党为主，它们拥护总统热恩别科夫，主张维护“热氏”政权的稳定；第二类，以社会民主党、共和国党等为主，追从前总统阿塔姆巴耶夫，主张全面向议会制过渡；第三类，以爱国者党、统一吉尔吉斯斯坦党等为主，政党领袖均为巴基耶夫执政时的班底人物，一直以来极力主张恢复总统制。[①] 在政权更迭后，塔西耶夫拉拢马杜马罗夫，拥护扎帕罗夫为总统[②]，而塔西耶夫本人则出任国家安全委员会主席。他们不仅控制了政权，还极力要求中央选举委员会取消拥护“热氏”政权的三个政党竞选 12 月议会选举的资格，但遭到激烈地反对。与爱国者党一起夺权的社会民主党人党、共和国党等，几乎都被排除在政权更迭后的政治安排之外，而其他一些政党的领袖，则被安排进各级政府中。如

① К. Базарбаев, Б. Жумагулов. Политические партии Кыргызстана: теория и практика, Фридриха Эберта, 2012. – С. 95

② 马杜马罗夫、塔西耶夫和扎帕罗夫不仅政治立场统一，而且三者之间还有重要的商业合作利益。参见：Momunova A. , “Party and Clan Politics in Kyrgyzstan: Is the Clan an Organizing Principle for Political Parties? The Case Studies of the Three Parties in Power”, Central European University, 2012, p. 37.

远征党领导人马克萨特·马梅特卡诺夫（Максат Мамытканов）被任命为副总理，来自爱国者党的阿什伊穆巴耶夫（Сабыркул Ашимбаев）、阿巴斯塔尔·瑟尔加巴耶夫（Абсаттар Сыргабаев）分别被任命为纳伦州州长和贾拉拉巴德州州长，“部落”党领袖米亚罗夫·米尔贝克（Мирбек Мияров）被任命为楚河州州长，来自统一吉尔吉斯斯坦党的扎尼别克·扎哈洛洛夫（Занибек Захалов）被任命为巴特肯州州长。除此之外，在一些人事任命上，扎帕罗夫并没积极兑现“把年轻人带到内阁里去”① 的承诺，也无视了人民“不要让那些曾陷入腐败丑闻的人统治国家”的政治诉求，如巴尔巴克·图洛巴耶夫（Балбак Тулобаев）上任比什凯克市代理市长后，部分民众迅速在市政厅外组织集会，反对扎帕罗夫任命“不纯洁、不顾人民意见的人”担任政府要职。② 在中央政府的人事变动中，仅有 8 名任职于上届政府的官员被留下，其余都被替换，大量新上任的官员都曾是巴基耶夫的追随者③，并且由于他们中的大多数具有犯罪前科而被广泛质疑和批评。④ 如吉尔吉斯斯坦前副总理埃尔金·阿斯兰季耶

---

① Садыр Жапаров обещает привести к власти молодежь. [Электронныйресурс]. – URL: https: //24. kg/vlast/168716_sadyir_japarov_obeschaet_privesti_kvlasti_molodej/ (дата обращения: 10. 10. 2020)

② Sputnik Кыргызстан: Активисты теперь требуют отставки Балбака Тулобаева. Он заявил, что готов уйти. [Электронныйресурс]. – URL: https: //ru. sputnik. kg/society/20201027/1050216518/kyrgyzstan – tulobaev – miting – otstavka – trebovanie. html (дата обращения: 27. 10. 2020)

③ 《Новые》кадры Садыра Жапарова. Кто вернулся в чиновники со времен Бакиева. [Электронныйресурс]. – URL: https: //24. kg/vlast/170224_novyie_kadryi_sadyira_japarova_kto_vernulsya_vchinovniki_sovremen_bakieva/ (дата обращения: 22. 10. 2020)

④ Правительство Садыра Жапарова. Кто пришел в состав кабмина. [Электронныйресурс]. – URL: https: //24. kg/vlast/169472_pravitelstvo_sadyira_japarova_kto_prishel_vsostav_kabmina/ (дата обращения: 15. 10. 2020.)

夫（Эркин Асрандиев）拒绝在扎帕罗夫批准的新政府中展开工作，并解释道："我无法在那些我对其声誉存有质疑的人的指导下工作。"[①] 当权派上台后，不仅没有积极通过政治妥协机制与各党派寻求新的政治共识，反而通过政治安排，打压立场不同的其他派系，这无疑会激化党派之间的矛盾，加剧本就紧张的党际关系。

（三）"亲总统党"现象将成常态但仍无力长久控局

在实行多党制国家的议会选举中，出现"亲政权党"或"亲政府党"，是政党政治中的一种常态现象。在吉尔吉斯斯坦历史上，阿卡耶夫和巴基耶夫都曾授意一些政治人物组建"亲总统"政党。在当前的政治生态中，无论总统是否有意授权他人组建政党，"亲总统党"现象都将成为一种常态。这主要是由吉尔吉斯斯坦的权力分置、政党特征、法律规制、政治斗争等因素塑造的。在权力分置上，"二元权力中心"结构为"总统党"现象的常态化提供了制度基础。吉尔吉斯斯坦在独立后的政治体制建构中，同时借鉴了"总统制"和"议会制"两种制度理念，以致其中央政权在三权分立的顶层设计下，还呈现出鲜明的"二元权力中心"结构，即总统与议会并存且各自掌握着一定的实权。由于议会和政府时常解散或解体，一些政党不得不积极融入总统的权力场，以稳定地实现自身利益。在政党特征上，"自上而下"的建党方式，决定了政党必须依赖一定的政治

---

① Эркин Асрандиев рассказал, почему отказался работать с Садыром Жапаровым. [Электронныйресурс]. – URL: https://24.kg/vlast/170668_erkin_asrandiev_rasskazal_pochemu_otkazalsya_rabotat_ssadyirom_japarovyim/ (дата обращения: 15.10.2020)

资源才能赢得选举和获得执政机会。吉尔吉斯斯坦的政党大多通过“自上而下”的方式建立起来，既缺乏有吸引力的意识形态根基，也缺乏广泛且稳定的选民基础。在这种情况下，政党的经济实力和政治资源，便显得极为重要。有些政党在议会选举前，在吸纳一些在任议员、政府官员、企业家和其他知名人物的同时，还积极标榜自己“亲总统”的政治立场，为胜选积累更多的政治声望和政治资本。在法律规制上，宪法和选举法中的相关规定，为“总统党”现象的常态化提供了法理漏洞。受吉尔吉斯斯坦议会制时代以来的宪法和选举法的规制，议会内部难以形成一党执政的政治格局。政党能够进入议会，并不意味着它们能够进入执政联盟。宪法规定执政联盟必须由总统指定某一个政党牵头组建，这就促使一些政党积极向总统靠拢，以获取更大的执政机会。在政治斗争上，政党派系间的斗争、议会与总统间的缠斗，为“亲总统党”现象的常态化提供了动力基础。在吉尔吉斯斯坦，形形色色的政党代表着不同的利益群体，它们之间的斗争推动着一些政党试图借助总统权势，以在斗争中获得优势。与此同时，议会与总统之间的权力争斗，也迫使总统不得不依赖于“亲总统”立场的政党，来平衡议会中的反对派力量，进而巩固政权。这些因素相互交织，不断推动着“亲总统党”现象的常态化。

尽管“亲总统党”现象将会在吉尔吉斯斯坦的政治生态中持续存在，但并不意味着它们能够有效地帮助总统控制政权，反而会导致严重的政治动荡。吉尔吉斯斯坦的宪法规定，总统在任职期间必须中止党员身份和禁止参与党派活动。但无论总统是否加入“亲总统”的政党，二者在政治运作中非正式地相互支持，都在一定程度上进一步打破了吉尔吉斯斯坦本就脆弱的政治平衡。热恩别科夫在议会选举前夕表示，“议会是人民的选择，新一届议会也将由人民选择的议员来组成。我们已经为所有政党，创造了平等竞争的条件。无论哪个政党进入议会，那都是人民的选择，总统也必须与之合作。以前的总统试图组建忠诚于他们的政党，以便在政治活动中依靠它们。但是，这些政党从未将前总统们从错误中拯救出来，当然，也无法挽救他们。政党只不过是社会的一部分，我当选总统是为全国人民服务，而不是为任何党服务。”① “在我看来，以任何方式去提名一些政党，无论如何都是错误的，那是公开的鼓动。”② 但是热恩别科夫的表态，并未改变反对派政党对团结党、我的祖国—统一吉尔吉斯斯坦党等党派的“亲总统”身份的认定，以及对它们参与议会选举的敌意。当“亲总统”的政党在议会选举或议会内部占据绝对优势时，反对派政党就极有可能发出高强度的政治挑战，甚至危及政权稳定。吉尔吉斯斯坦2020年议会选举之所以会引发政权更迭，与“亲总统”政党在选举中“大获全胜”导致政治平衡破裂，有着极大的关系，至少为政治变局的发生提供了导火索。在未来，“亲总统”政党仍然会登上政治舞台，但它们同先前的政党一样，也难以持久地控制政治局势，阿卡耶夫、巴基耶夫和热恩别科夫政权的倒台，都是充分的例证。

---

① Прежних президентов лояльные им партии не спасли, заявил Жээнбеков. [Электронныйресурс]. – URL: https: //ru. sputnik. kg/politics/20200822/1049390798/kyrgyzstan – provlastnye – partii. html （дата обращения: 22. 08. 2020）

② Президент считает, что в парламент должны пройти пять – шесть партий. [Электронныйресурс]. – URL: https: //24. kg/vlast/166529_vyiboryi – 2020_prezident_schitaet_chto_vparlament_doljnyi_proyti_pyat – shest_partiy/ （дата обращения: 18. 06. 2020）

四、结语

在吉尔吉斯斯坦2020年议会选举中突如其来的政治变局，打破了其维持近十年的政治稳定，也昭示着吉尔吉斯斯坦仍然没有找到一条符合国情民意的政治发展道路。这次政权更迭是吉尔吉斯斯坦建国以来，第一次在没有外部势力介入的背景下发生的。除此之外，其结果与之前的两次政局动荡也有诸多不同之处：其一，政治成果并没有由参与夺权的各政党共享，而是被个别政党所垄断，尤其是社会民主党和共和国党，几乎被排除在政治安排之外。其二，政权更迭并不代表吉尔吉斯斯坦主流的政治共识，因而遭受了大量的批评和质疑。其三，在政治变局中上台的政府，并未迅速得到国际社会的普遍认可。尤其是普京将吉尔吉斯斯坦的政治变局称为“一场灾难”，并强调道：“我们并没有对个别政治势力提供建议、指导和支持。我非常希望吉尔吉斯斯坦的一切都能正常化，一切都回到自己的轨道上。”[①] 其四，吉尔吉斯斯坦政坛内部在政权更迭后充斥着种种不满情绪，但当权派并未积极构建新的政治共识来加以疏导，而是采取威胁恫吓的方式加以压制。其五，或将改变吉尔吉斯斯坦各政治派系的行为模式，尤其是反对派政党或将更多地以暴力夺权

① Владимир Путин назвал происходящие в Кыргызстане события бедой. [Электронныйресурс]. – URL: https://24.kg/vlast/170426_vladimir_putin_nazval_proishodyaschie_vkyirgyizstane_sobyitiya_bedoy/ (дата обращения: 23. 10. 2020)

方式，表达政治不满情绪。其六，也是最为关键的一点，这次政治变局，极有可能终结吉尔吉斯斯坦议会制政体的建构实践，而将政治体制推回到总统制框架下。这场政治变局造成的政治危机，并未随着新的政治安排的形成而结束，所有未被重视和解决的问题，都在为未来的新的政治动荡埋下伏笔。吉尔吉斯斯坦只有形成更加广泛的政治共识、更加平衡的权力格局、更加成熟的法治意识，政治局势才有可能打破持续动荡的“魔咒”。

大国博弈与中亚地区安全公共产品供给

李虎平*

摘　要　中亚地区安全公共产品供给既是中、美、俄加强安全合作的利益契合点，也是三方博弈的焦点所在。苏联解体使得中亚原先由苏联主导供给的地区安全公共产品消失，由美俄主导供给的地区安全公共产品因供给目标的不一出现“私物化”倾向，难以满足中亚国家的安全需求，加之中亚国家安全自主能力有限，导致中亚地区安全公共产品供求脱节，供求矛盾突出。作为中亚地区安全公共产品的主要供给者之一，中国既要以新安全观念为指导打造中亚安全共同体，也要加强与域内外大国的安全互动，深化地区安全合作机制建设，加快构建新型区域合作供给模式，优化中亚地区安全环境，维护中亚和平稳定。

关键词　大国博弈；地区安全公共产品；中亚安全共同体；安全互动

* 李虎平，华东师范大学政治与国际关系学院博士研究生，研究方向为国际安全理论。

苏联解体将中亚带进了多极时代。美俄的持续介入，填补了苏联解体造成的权力真空，成为中亚安全事务的主要参与者和竞争者，并主导了中亚地区安全公共产品的供给。然而，中亚仍存在安全公共产品供求脱节的情况。究其原因，美俄基于不同的安全战略目标而导致的重竞争、轻互动忽视了中亚国家安全需求，甚至将其安全需求整合进自身的地区安全战略之中，导致中亚地区安全公共产品供求脱节。同时，中亚国家长期将自身安全“外包”给他国或地区组织，忽视自身安全能力建设，尤其是“后阿富汗战争时代”阿富汗安全局势外溢同地区安全问题交织作用，中亚地区安全公共产品供给与中亚国家不断增长且日益分化的安全需求相脱节，继而加剧了中亚地区安全公共产品供求困境。

基于此，本文运用地区安全公共产品理论分析和解释这一现象。地区安全公共产品理论建立在公共产品理论基础上，是指针对某一特定区域内国家的安全需求，由特定国家单独或联合提供的产品和服务。① 从供应国来看，地区安全公共产品的供给受到供应国或供应集团供给能力、政策偏好和地区安全环境的影响。供应国的供给能力和政策偏好直接影响安全公共产品供给的效力和限度，地区安全环境尤其是地区权力结构的变化对供应国安全公共产品的供给方式和产品属性也提出更高的要求。从需求国来看，地区国家安全公共产品需求受到地区安全局势变化和安全公共产品供

① Mancur Olson, “Increasing the Incentives for International Cooperation”, International Organization, Vol. 25, No. 4, 1971, p. 867; Charles P. Kindleberger, “Dominance and Leadership in the International Economy: Exploitation, Public Goods, and Free Riders”, International Studies Quarterly, Vol. 25, No. 2, 1981, p. 244.

应国地区战略目标等因素的影响。当前，中亚存在大国主导供给、大国合作供给与混合供给三种供给模式，供给模式的不同既是各自主导国地区战略目标的反映，也是中亚地区权力结构的表现。中亚国家在寻求维护地区和平稳定的同时，更加重视本国政权安全。

本文认为，中亚地区安全公共产品供给受到中美俄三国的中亚地区战略目标以及彼此间安全互动的影响，各自地区战略目标的冲突而导致的安全博弈是中亚地区安全公共产品供求矛盾加剧的直接原因。同时，中亚国家奉行的多元平衡政策使得地区安全局势更趋复杂化，加之中亚地区缺乏一个单一的域内供给中心，大国竞争供给在提高中亚国家战略自主性的同时，美俄主导供给的地区安全公共产品"私物化"和"次优性"问题凸显，更是降低了地区安全公共产品的供给效力。

一、大国博弈与中亚地区权力结构

战略目标是供应国政策偏好的直接反映。基于各自不同的地区战略目标，美俄展开安全博弈以维持和强化其在中亚的战略影响力，中亚地区权力结构随之发生变化。同时，中亚国家为保证自身利益最大化而推行的多元平衡政策增强了自身的战略自主性。

（一）中美俄的中亚战略目标及安全竞争

中亚是俄罗斯构建欧亚联盟和重构地区等级体系的关键地区，[①] 被俄罗斯视为“战略后院”。苏联解体后，受自身经济实力下滑和战略空间被大幅压缩等复杂因素影响，俄罗斯“处于数百年来最困难的一个时期”。叶利钦时代的俄罗斯对中亚采取了“忽视”态度，中亚地区在较长一段时间内被俄罗斯“遗忘”。普京执政后，中亚成为俄罗斯外交的优先方向，俄罗斯开始着力维护其在中亚地区的特权地位。[②] 为确保俄罗斯“在世界上真正强大的、经济先进的和有影响力的国家中占有一席之地”，[③] 俄罗斯加快拓展和深化其在中亚的战略影响力。

“9·11”事件后，反恐这一当时中亚国家面临的最紧迫的地缘政治难题将俄罗斯与中亚国家再次紧密联系在一起。[④] 俄罗斯借助反恐展示并强化了其在中亚的领导地位，重构了中亚国家对俄罗斯的安全依赖关系，建构起新的由俄罗斯主导的地区安全等级体系和地区安全公共产品供给体系，并成功将美国从中亚的军事基地中排挤出去。2014 年美国开始从阿富汗撤军，为俄罗斯深化与中亚国家的

---

① Dmitri Trenin, “True Parterners? How Russia and China See Each Other”, Center for European Reform, 2012, p. 7.

② Andrei Tsygankov, “Russia's Foreign Policy: Change and Continuity in National Identity”, International Studies Review, Vol. 9, No. 3, 2007, p. 86.

③ ［俄］普京著，张树华、李俊升、许华译，《普京文集（2002—2008）》，中国社会科学出版社 2008 年版，第 18 页。

④ Lena Jonson, “Vladimir Putin and Central Asia: The Shaping of Russian Foreign Policy”, New York: I. B. Tauris, 2004, p. 73.

军事安全合作、拓展地区影响力找到了一个正当理由：收拾美国军事干预后留下的"烂摊子"，[1] 俄罗斯迅速填补美军撤出引发的军事权力真空，中亚出现俄进美退的博弈态势，俄罗斯对中亚的影响力上升。乌克兰危机以来，美欧等西方大国加大对俄制裁与遏制力度，俄罗斯加快了整合中亚的步伐。当前，俄罗斯是中亚地区唯一拥有直接军事存在的大国，由俄罗斯主导建构、中亚国家普遍参与的集体安全条约组织（以下简称集安组织）增强了俄罗斯的安全竞争能力，强化了俄罗斯在中亚的领导权威。

美国的中亚战略目标在于从根本上削弱俄罗斯的地区影响力，使其成为一个独立的地缘政治板块，进而迟滞俄罗斯的地区一体化进程，遏制中国发展。[2] "9·11"事件后，中亚地区瞬间成为美国全球反恐战争的前线和在阿富汗展开军事行动的战略基地，美国随即与中亚国家签署安全协议，加大军事援助力度，多次与中亚国家联合举行"草原之鹰"与"区域合作"等军事演习，并在中亚国家境内建立军事安全基地，军事合作程度迅速提升。在推进反恐进程的同时，美国大力实施分化战略，于2005年夏提出"大中亚计划"，试图打造以阿富汗为中心、连接中亚和南亚的新地缘政治板块。2011年7月出台"新丝绸之路计划"，美国加快了将中亚"分离"出俄罗斯"后院"的步伐。2020年2月，美国发布《美国的中亚战略（2019—2025）：促进主权和经济繁荣》战略报告，该报告首次将

---

① Alexander Cooley, "Russia and China in Central Asia", Norwegian Institute for International Affairs (NUPI), 2015, p. 2.

② Stephen Blank, "U. S. Interests in Central Asia and Their Challenges", Demokratizatsiya, Vol. 15, No. 3, 2007, p. 314.

阿富汗视作中亚的一部分，鼓励中亚与阿富汗之间的互联互通建设。①

“民主化”是美国实施分化战略的重要手段。通过向中亚各国输出所谓“民主价值观”，美国试图将其改造为亲美国家，弱化对俄罗斯的向心力。2005 年 3 月吉尔吉斯斯坦“郁金香革命”和同年 5 月乌兹别克斯坦“安集延事件”，2010 年 4 月吉尔吉斯斯坦“二次革命”，以及乌兹别克斯坦于 1999 年和 2012 年两次退出集安组织都与美俄博弈息息相关。② 然而，“颜色革命”不仅没有取得预期的效果，反而导致中亚国家对美国的疏远和美俄双边关系的恶化。“颜色革命”失败后，美国暂缓推进民主促进政策，寻求恢复在中亚的战略信誉。③

随着从阿富汗撤军，美国为防止因“颜色革命”造成的负面影响的扩散，弥补撤军带来的在中亚军事影响力的弱化，美国继续深化与中亚国家的军事政治合作，加大财政、军备支持力度，为其提供军事训练，试图通过对军队的影响，使其接受西方理念。④ 乌兹别克斯坦和吉尔吉斯斯坦是美国的重点合作对象国。2015 年 1 月，乌兹别克斯坦获得了美国在中亚的大量坦克等军事资源，双方于 2018

---

① “United States Strategy for Central Asia 2019 – 2025: Advancing Sovereignty and Economic Prosperity”, U. S. Department of State, February 5, 2020, https://2017 – 2021. state. gov/united – states – strategy – for – central – asia – 2019 – 2025 – advancing – sovereignty – and – economic – prosperity/index. html.（上网时间：2021 年 1 月 20 日）

② 曾向红：《欧亚秩序的套娃模式：地区分化及其影响》，《世界经济与政治》2019 年第 5 期，第 22—52 页。

③ Pinar Ipek, “Challenges for Democratization in Central Asia: What Can the United States Do”, Middle East Policy, Vol. 14, No. 1, 2007, p. 98.

④ Sebastian Engels, “Military Professionalization Programs in Kazakhstan and the United States: How to Implement and What Will We Gain”, Connections, Vol. 16, No. 2, 2017, p. 103.

年宣布建立战略伙伴关系。2011—2017 年间，美国对吉尔吉斯斯坦发展援助占到对中亚五国援助总额的一半。① 同时，美国着力构建小多边安全合作机制。2015 年 10 月，美国时任国务卿克里（John Forbes Kerry）与中亚五国外长在乌兹别克斯坦会晤，“C5 +1”多边合作模式初步建立。继 2019 年 9 月美国与中亚国家在纽约举行“C5 +1”会谈后，美国时任国务卿蓬佩奥（Michael Richard Pompeo）于 2020 年 2 月出访中亚，参加了在哈萨克斯坦举行的“C5 +1”会谈，“C5 +1”多边合作模式逐渐成熟。②

中亚是中国优化周边安全环境和推进“丝绸之路经济带”建设的重点区域。2001 年 6 月成立的上海合作组织（以下简称上合组织）是中国与中亚各国开展安全合作的重要平台，其中打击地区恐怖主义等“三股势力”这一中国、俄罗斯和中亚国家共同的安全关切成为上合组织得以展开行动并持久化的基础和动力。2013 年 3 月，“一带一路”倡议的提出及快速推进提升了中亚的地缘战略地位，中亚地区安全与稳定直接关系到“一带一路”能否顺利推进和可持续化。③ 当前，随着美国从阿富汗的撤军，原本被压制和隐藏的一系列安全隐患开始浮出水面，塔利班武装加快扩张、“伊斯兰国”重新崛起并向中亚地区渗透、跨境贩毒有增无减，在恶化中亚地区安全局势的同时，对中国“一带一路”倡议在中亚的顺利推进构成

① 郭晓婷：《大国在中亚地区的发展援助及其成效》，《战略决策研究》2021 年第 1 期，第 77—98 页。

② 杨双梅：《美国与中亚五国“C5 +1”合作机制的发展与演变》，《国际论坛》2020 年第 5 期。第 59—75 页。

③ 李建民：《丝绸之路经济带、欧亚经济联盟和中俄合作》，《俄罗斯研究》2014 年第 5 期，第 7—18 页。

直接挑战。[①] 2020 年 7 月，中国与中亚五国正式成立“中国 + 中亚五国”外长会晤机制，成为深化双边安全合作、维护地区和平稳定的又一多边安全合作机制。中国坚持平等合作与不干涉内政原则，以上合组织为安全依托，持续深化和域内外国家的安全合作，与俄罗斯和中亚各国一道打击“三股势力”，为中国西部边疆创造安全稳定的周边环境，也为维护中亚和平稳定提供了更多选择，注入了新动能。[②]

美俄中亚战略目标异质性较大，结构性矛盾突出，对抗性色彩浓厚。2020 年美国新中亚战略更是肆无忌惮地排斥中俄在中亚的影响，充斥着零和博弈思维，加剧了大国竞争，增大了爆发冲突的可能，削弱了中亚的和平稳定。美俄博弈更多地表现为美国分化俄罗斯的地区联盟，即拉拢中亚国家脱离集安组织。

此外，中、美、俄在中亚形成的“战略三角”既有竞争也有合作。“9·11”事件后，反恐成为中美俄三国共同的安全关切，中美俄三国以反恐为名加强了安全合作。如，在俄罗斯协调下，中亚国家为美国提供中亚空中走廊，并与美国分享反恐情报。随着反恐的深入推进并取得重大成功，尤其是美国宣布从阿富汗撤军开始，反恐作为维持中、美、俄在中亚合作的黏合剂作用正在急速下降，防止中亚安全局势继续恶化甚至“阿富汗化”成为当前中美俄三方加

---

① 罗英杰：《中亚安全形势的变化及其影响》，《国际安全研究》2016 年第 2 期，第 103—124 页。

② Aijan Sharshenova and Gordon Crawford, “Undermining Western Democracy Promotion in Central Asia: China’s Countervailing Influences, Powers and Impact”, Central Asian Survey, Vol. 36, No. 4, 2017, p. 453.

强安全互动的新的安全关切。[①] 然而，中、美、俄的安全竞争正在制约其合作潜力，美国对中俄的战略遏制态势在短期内很难缓和。2017 年 12 月美国《国家安全战略报告》将中俄视为其直接战略竞争对手，持续加大对中俄的遏制力度。

（二）中亚地区权力结构

大国安全竞争和中亚各国与大国的安全互动共同造就了中亚地区多层级的动态权力结构。中、美、俄三国处于权力结构的顶端，拥有中亚各国加起来也不可比拟的实力优势，集安组织、上合组织和欧洲安全与合作组织（以下简称欧安组织）作为大国推进其地区战略和供给地区安全公共产品的重要战略工具，对中亚安全事务同样具有重要影响力。除此之外，欧盟奉行积极介入的中亚战略。继 2007 年 6 月出台首个中亚战略报告《欧盟与中亚：新伙伴关系战略》后，欧盟于 2019 年 5 月发布新版中亚战略报告《欧盟与中亚：更坚实伙伴关系的新机遇》，谋求加强与中亚各国的安全合作。然而，欧盟多是以搭乘美国“便车”的形式介入中亚地区，引发中亚国家对自身政权安全的担忧，制约了双边合作的深化。[②] 同时，随着中亚国家的安全自主能力与合作意愿的普遍提高，其对外政策的差

---

① 赵会荣：《对中亚安全形势的观察与思考》，《世界知识》2016 年第 21 期，第 46—48 页。

② Catherine Glière, “The EU – Central Asia Partnership”, European Union Institute for Security Studies (EUISS), 2008, p. 158；鞠豪：《欧盟的中亚战略解析：规范与利益》，《俄罗斯东欧中亚研究》2020 年第 6 期，第 120—136 页。

异性更加明显，各种“C5+1”小多边合作机制快速发展。[①]

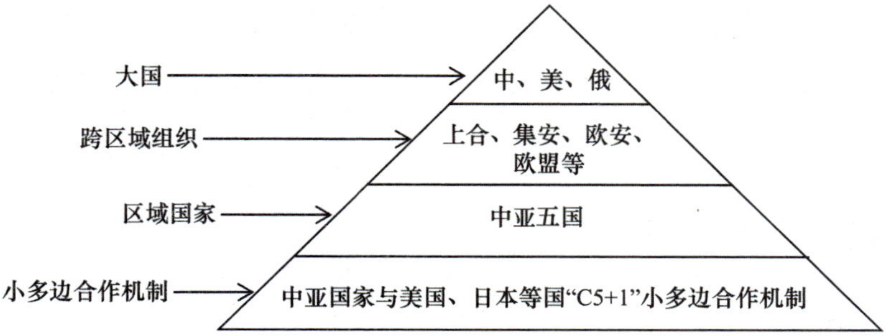

图3-1　中亚地区权力结构

对中亚地区权力结构变化最为关注和敏感的莫过于中亚各国。作为中亚地区安全公共产品的需求国和直接消费国，除寻求维护地区安全与稳定之外，中亚各国领导人更加重视本国的政权安全，[②] 反对干涉主权和“颜色革命”是中亚各国的安全共识之一。大国安全竞争为中亚国家提供了更加多元化的安全选择，其国内精英推行全方位外交，从大国竞争中获利。哈萨克斯坦经常宣称“我们的幸福就是建设多条管道”。[③] 乌兹别克斯坦认为“平衡政策是维护国家独立和主权的最佳方式”。[④] 中亚国家自主性的提升也表现为更多的“竞标”行为，如，吉尔吉斯斯坦同时为美俄两国提供军事基地，在

① 王术森、曾向红：《大国中亚地区外交新态势》，《现代国际关系》2020年第10期，第44—52页。

② Scott Radnitz，“Between Russia and a Hard Place：Great Power Grievances and Central Asian Ambivalence”，Europe－Asia Studies，Vol. 70，No. 10，2018，p. 1611.

③ Sally Cummings and Kazakhstan，“Power and the Elite”，New York：Palgrave Macmillan，2005，p. 135

④ M. Kuryłowicz，“Uzbekistan's Foreign Policy Towards Russia”，Kraków，2014，p. 113.

要求美国退出玛纳斯空军基地的问题上同俄罗斯讨价还价。中亚国家对外政策的日益差异化，要求大国加大地区安全公共产品供给力度以提升对中亚各国的吸引力，逐渐改变了中亚国家被动依附的态势，提高了其在地区权力结构中的地位。① 同时，中亚国家需要的不是“保护伞”而是合作伙伴。即使是集安组织这一带有军事联盟性质的地区安全合作组织也无法阻止中亚国家同其他域外大国自主发展军事合作关系，中亚各国的自主性在任一中亚地区安全合作组织框架内都得以保留。

针对2014年美国开始从阿富汗撤军后出现的中、美、俄三角战略“失衡”现象，使得中亚国家在继续与俄罗斯深化安全合作的同时积极强化与美国、欧盟、伊朗等域外势力的双边关系，以平衡俄罗斯在中亚日益上升的影响力，防止出现战略失衡乃至俄罗斯独霸中亚的局面，“主动平衡”成为中亚各国外交的主基调。② 美国从阿富汗的撤军也开启了中亚各国加强域内合作的新进程，中亚地区一体化的整合力量开始向内部倾斜，“用一个声音说话”逐渐成为中亚各国的共识。自2018年3月召开第一次中亚首脑峰会后，中亚五国于2019年11月举办了第二次中亚首脑峰会，试图再次联合自强，中亚一体化取得新进展。③ 然而，受制于自身实力较弱、大国博弈激烈化与持续施压，中亚地区“颜色革命”风险上升，2020年10月

---

① Stephen Blank, “The Strategic Importance of Central Asia: An American View”, Parameters, Vol. 38, No. 1, 2008, p. 78; Avinoam Idan and Brenda Shaffer, “The Foreign Policies of Post - Soviet Landlocked States”, Post - Soviet Affairs, Vol. 27, No. 3, 2011, p. 253.

② 李建荣、韩隽：《2018年中亚：巩固 发展 强化 平衡》，《新疆师范大学学报（哲学社会科学版）》2019年第4期，第117—128页。

③ 何金科：《安全合作与中亚互惠共同体的构建：基于共生理论的研究》，《国际关系研究》2020年第6期，第78—95页。

吉尔吉斯斯坦发生的政治危机就是一个案例。①

二、中亚地区安全公共产品供给模式与供求矛盾

中亚地区安全公共产品供给受到中、美、俄地区战略目标和三方安全互动等的复杂影响。美俄战略博弈忽视或漠视中亚各国的安全需求，由其主导供给的地区安全公共产品与中亚国家安全需求相脱节，供求矛盾突出。

（一）中亚地区安全公共产品供给模式

中亚地区安全公共产品的竞争供给与合作供给共存。一方面，中、美、俄依据各自不同的中亚战略目标，加大对中亚的安全投入力度，扩展地区影响力。另一方面，基于对拥有共同利益的关切和无法单凭一方解决问题这一认知，中、美、俄三方加强安全协作，共同应对安全威胁。当前，中亚存在大国主导供给、大国合作供给与混合供给三种模式，集安组织、上合组织和欧安组织是其具体代表机制。

① 中国社会科学院俄罗斯东欧中亚研究所年终形势课题组：《2020 年俄罗斯东欧中亚形势：特点与趋势》，《俄罗斯东欧中亚研究》2021 年第 1 期，第 1—20 页。

表3-1　中亚地区安全公共产品供给模式

	大国主导供给模式	大国合作供给模式	混合供给模式
安全机制	集安组织	上合组织	欧安组织
主导国	俄罗斯	中国、俄罗斯	美国
供给方式	军事联盟	多边合作	军事互助、安全预警

首先，以集安组织为代表的大国主导的联盟供给模式历时最长、影响力最大。集安组织这一集体防御组织是由俄罗斯主导建立的以维护其传统权威的重要战略机制，① 也是俄罗斯维持中亚安全与稳定、推进中亚地区军事一体化和建构由俄罗斯主导的地区安全等级体系的安全支柱，目的就在于维护俄罗斯对中亚安全事务的主导权。俄罗斯不仅借助集安组织在中亚建立了军事基地，而且加快了对中亚成员国军事力量的整合，成立了快速反应部队。② 自 2012 年起，集安组织每年举行“战斗兄弟情”系列联合军事演习，对内震慑分裂势力，对外表明集安组织的能力和决心。同时，随着“后阿富汗战争时代”美国在中亚军事影响力的下降，俄罗斯和集安组织在中亚的安全权威进一步提高。

其次，上合组织是大国合作供给模式的典范。上合组织的前身是 1996 年成立的“上海五国会晤机制”，旨在解决中国与中亚国家

① Richard Weitz，“The Collective Security Treaty Organization：Past Struggles and Future Prospects”，Russian Analytical Digest，Vol. 21，No. 152，2014，p. 2.

② Alexander I. Nikitin，“Post－Soviet Military－Political Integration：The Collective Security Treaty Organization and its Relations with the EU and CSTO”，China and Eurasia Forum Quarterly，Vol. 5，No. 1，2007，p. 35.

和俄罗斯的边界问题，后扩展到打击“三股势力”等恐怖主义、加强经济合作等领域。① 安全合作尤其是打击“三股势力”等恐怖主义是上合组织运作的基石，也是中国和俄罗斯在中亚加强安全合作的利益契合点。上合组织坚持不结盟、不干涉内政、平等合作与协商一致的组织原则，安全公共产品的契合度更高。同时，上合组织秉持开放、包容的合作态度，欢迎域内外国家加入上合组织这一大家庭，共同为中亚和平稳定贡献力量。② 2002 年以来，上合组织多次举行双边和多边联合军事演习，“联合”“和平使命”“天山”等系列军事演习逐渐常态化、机制化，成为维护地区和平稳定的重要力量，也为成员国深化合作、加强战略互信搭建了平台。

最后，欧安组织是中亚地区大国混合供给的重要安全机制。欧安组织是一个以美国和欧洲国家为主体，囊括苏联国家、加拿大和蒙古在内的跨区域组织，虽于 1992 年就已经将俄罗斯和中亚五国吸纳为正式成员国，但受俄罗斯强烈抗议和内部认知不一等因素影响，很长一段时间内并未在中亚取得实质性进展。“9·11”事件后，欧安组织以反恐为契机加强了与中亚国家的安全合作，并在中亚地区边界争端、水资源争夺等安全问题中发挥积极作用。然而，受内部决策冗长缓慢和美俄分歧等的影响和制约，欧安组织扮演着一个非

① Younkyoo Kim and Fabio Indeo, “The New Great Game in Central Asia Post 2014: The US ‘New Silk Road’ Strategy and Sino - Russian Rivalry”, Communist and Post - Communist Studies, Vol. 46, No. 2, 2013, p. 278; Sinem Ünaldilar Kocamaz, “The Rise of New Powers in World Politics: Russia, China and the Shanghai Cooperation Organization”, International Relations, Vol. 16, No. 61, 2019, p. 3.

② 上合组织现有 8 个正式成员国，4 个观察员国，6 个对话伙伴国。详见上合组织官方网站，http://chn.sectsco.org/about_sco/。

常无力的代理人的角色,① 安全效力进一步降低。同时，欧安组织参与中亚安全事务更多的是谋求通过“软介入”改造中亚，通过监督中亚国家的选举、对普通民众进行“选举”培训等形式积极推进中亚所谓“民主”改造进程。② 2005 年 3 月吉尔吉斯斯坦发生的“郁金香革命”与欧安组织有很大的关联，引发中亚国家的安全担忧和不满。③ 美国从阿富汗撤军后，欧安组织在中亚的安全影响力被进一步削弱。

（二）中亚地区安全公共产品供求矛盾

地区安全公共产品供求关系受到安全公共产品供应链中供应方和需求方的共同影响。一方面，供应方的国家经济实力是安全公共产品供给的基础，决定了供给的深度和广度。同时，供应方基于其在地区权力结构中地位的考量和对其地区战略目标的认知，尤其是当该地区存在多个供给中心且自身经济实力相对下降时，为维护其地区利益，供应方之间会加大安全竞争力度，需求方的安全需求被供应方整合进其地区安全战略之中的可能性随之增强，导致供求脱节。如，2020 年美国新中亚战略从美国自身战略利益出发，不顾中亚国家将阿富汗视为安全威胁来源地的认知，单方面将阿富

---

① Warkotsch and Alexander, “The OSCE as an Agent of Socialisation? International Norm Dynamics and Political Change in Central Asia”, Europe - Asia Studies, Vol. 59, No. 5, 2007, p. 830.

② 杨恕、蒋海蛟：《欧安组织在中亚的活动及评价》，《新疆师范大学学报（哲学社会科学版）》2015 年第 2 期，第 31—39 页。

③ Roberts and Sean R, “Doing the Democracy Dance in Kazakhstan: Democracy Development as Cultural Encounter”, Slavic Review, Vol. 71, No. 2, 2012, p. 317.

汗和中亚捆绑在一起，忽视了中亚国家的安全需求，引发中亚国家不满。[①] 另一方面，即该地区只存在一个供给中心，只有一个主导国，拥有实力优势的供应方在供给内容选择方面拥有优先权和倾向性，只有当供应方的地区战略目标与需求方的安全需求高度契合时，才会出现供求平衡，这显然很难与各需求方安全需求的异质性对接。

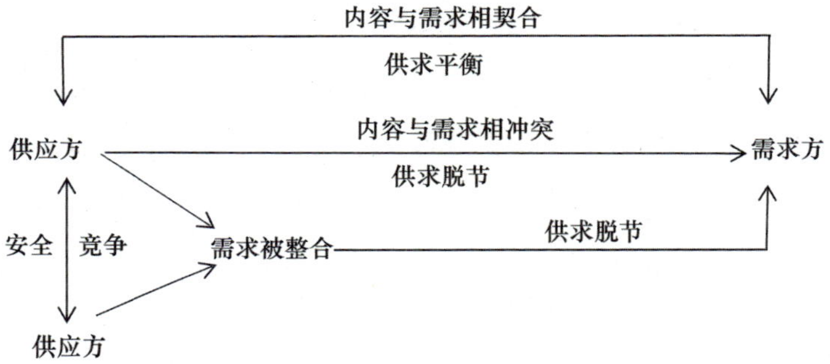

图 3 - 2　安全公共产品供应链

供应国方面，作为中亚地区安全公共产品的传统供给大国，由俄罗斯主导供给的地区安全公共产品一直是中亚国家重要的安全保障来源。当前，美俄竞争常态化和中亚地区安全局势恶化对由俄罗斯主导供给的地区安全公共产品提出了更多要求，俄罗斯在表明供给意愿的同时必须供给比以往更多的、更优的公共安全产品以维护其地区安全利益。受俄罗斯绝对权力与相对权力衰落的影响，由俄

① 曾向红：《美国新中亚战略评析》，《国际问题研究》2020 年第 2 期，第 33—52 页。

罗斯主导的地区安全公共产品供给体系因其自身供给能力相对不足和外部大国竞争等因素出现弱化趋势。① 一般而言，作为体系主导国的俄罗斯必须具有“两强优势”，即拥有相对于中亚国家的绝对实力优势和相较于其他竞争国的相对实力优势，然而，当前俄罗斯在这两方面的优势都在减弱。同时，因竞争主体和供给中心的多元化，俄罗斯为中亚提供地区安全公共产品的能力不再表现为俄罗斯相对于中亚各国的实力优势，而是转化为俄罗斯与其他地区安全公共产品供应国之间的相对供给能力和相对实力优势。

一方面，与中美两国相比，俄罗斯自身经济实力较弱，1995 年到 2015 年 20 年间俄罗斯经济增长不超过 1 万亿美元，而同期美国和中国增长了近 10 万亿美元，是俄罗斯的 10 倍。军费占比方面，经济实力相对较弱的俄罗斯维持着高昂的军费支出，且呈上升趋势，2015 年俄罗斯军费占比高达 4.86%，是同期美国 1 倍多、中国的 2 倍多。武装部队人数方面，与美国经济实力和军费投入相差较大的俄罗斯维持着与美国相差不多的武装部队人数，较高的军费占比和较多的武装部队人数给俄罗斯相对较弱的经济实力带来了挑战。俄罗斯经济的低增长对与其安全相依存的中亚国家产生了破坏性效应，一个软弱的俄罗斯而非强大的俄罗斯成为中亚各国担忧的主要原因。②

为弥补自身经济实力的弱势，俄罗斯在加强同中亚各国双边安

① Stephen J. Blank, “Central Asian Security Trends: Views From Europe and Russia”, Strategic Studies Institute, US Army War College, 2011, p. 28.

② Ara Stepanyan, Agustin Roitman and Gohar Minasyan, et al, “The Spillover Effects of Russia's Economic Slowdown on Neighboring Countries”, International Monetary Fund, 2015, p. 18.

全合作和继续深化由俄罗斯主导的地区安全合作机制建设的同时，俄罗斯也积极寻求加强与域外大国的安全合作，以合作降低竞争。在上合组织框架下加强同中国的安全合作，阿富汗战争期间与美国合作反恐都是俄罗斯以合作增强地区影响力的战略选择。然而，俄罗斯率先与域外大国加强安全合作为中亚国家起到了“示范”作用，中亚国家纷纷强化与域外大国的安全联系反而降低了对俄罗斯的安全依赖。

表3－2　1991—2019年美俄经济、国防投入、武装部队人数

时间（年）	俄罗斯			美国		
	GDP（万亿美元）	军费占比（%）	武装部队人数（人）	GDP（万亿美元）	军费占比（%）	武装部队人数（人）
1991年	0.52	—	—	6.16	4.57	2120000
1995年	0.40	3.78	1800000	7.64	3.64	1635000
1999年	0.20	3.07	1482000	9.63	2.91	1575000
2003年	0.43	3.67	1369000	11.46	3.61	1480000
2007年	1.30	3.12	1476000	14.45	3.85	1555000
2011年	2.05	3.42	1364000	15.54	4.58	1520000
2015年	1.36	4.86	1490000	18.22	3.27	1347000
2019年	1.69	3.88	—	21.43	3.41	—

资料来源：世界银行，https://data.worldbank.org.cn/indicator/MS.MIL.TOTL.P1?locations=CN。

另一方面，作为大国推进地区安全战略的重要依托和地区安全公共产品的主要供给机制，中亚地区主要安全组织在参与国、地缘覆盖、功能及目标方面存在重叠、冲突，制度“过剩”现象突出，加之美俄主导供给的地区安全公共产品带有浓厚的排他性和对抗性，成为相互遏制和博弈的工具而非契合中亚各国安全需求的“公共产品”。如，2012 年6 月上合组织在塔吉克斯坦举行联合反恐军演后不久，美国联手中亚国家在吉尔吉斯斯坦举行反恐军演。同样地，2013 年6 月上合组织在哈萨克斯坦举行年度联合反恐军演后，美国于 10 月又联手哈萨克斯坦等国继续在哈萨克斯坦举行联合反恐军演，对抗意图明显。美俄竞争方面，美俄战略冲突降低了中亚地区安全治理成效，除打击恐怖主义之外，双方在其他安全问题如跨国毒品犯罪等问题上并未取得实质性进展。2017 年 3 月，继俄罗斯和塔吉克斯坦举行联合军演不久，美国和塔吉克斯坦同样在塔举行联合军演，试图抗衡和冲抵俄罗斯军事影响力。① 同时，美俄安全竞争忽视甚至漠视中亚国家的安全需求，中亚国家的安全需求退居次位。2010 年6 月，俄罗斯及其领导的集安组织在吉尔吉斯斯坦发生暴乱后的不作为使中亚领导人相信“我们不应该指望集体安全条约组织或其他地区组织，我们只能依靠自己”。② 这也挑战了中亚国家将自身安全“外包”给俄罗斯、放弃区域一体化这一安全路径，降低了对集安组织的权威认同。③

① 苏萍：《中亚反恐安全合作类型化探略》，《新疆社会科学》2018 年第6 期，第72—80 页。

② Anna Matveeva, “Russia’s changing security role in Central Asia”, European Security, Vol. 22, No. 4, 2013, p. 483.

③ Younkyoo Kim and Fabio Indeo, “The New Great Game in Central Asia Post 2014: The US ‘New Silk Road’ Strategy and Sino - Russian Rivalry”, Communist and Post - Communist Studies, Vol. 46, No. 2, 2013, p. 285.

表3-3 中亚地区主要安全组织及其成员国

		集安组织	上合组织	欧安组织	北约“和平伙伴关系计划”
中亚各国	哈萨克斯坦	√	√	√	√
	塔吉克斯坦	√	√	√	√
	吉尔吉斯斯坦	√	√	√	√
	乌兹别克斯坦	√	√	√	√
	土库曼斯坦	×	×	√	√
域外大国	俄罗斯	√	√	√	√
	美国	×	×	√	√
	中国	×	√	×	×
组织宗旨		整合中亚、恢复和强化地区影响力	维护边界安全、深化地区合作	增进民主、防止地区冲突	反恐、打击有组织犯罪、人道主义援助、紧急救援

注：√表示该国为成员国，×表示该国不是其成员国。

当前，伴随美国从阿富汗撤军和中亚地区安全局势的日益复杂化，中亚国家不得不独自承担更多的安全成本，或是从其他渠道获取等值的安全公共产品以应对安全威胁，而且也面临外交空间被压缩的困境。同时，中亚各国面临的安全环境不一，安全需求异质性较高，其中乌兹别克斯坦、塔吉克斯坦和土库曼斯坦直接与阿富汗相邻，更容易受到阿富汗“乱局外溢”的影响。① 新老安全问题共

① Timothy A. Krambs, “Central Asia and the Afghanistan Security Dilemma: Amelioration, Retrograde, or Status Quo? Central Asia's Role in Regional Security Regarding Afghanistan after 2014”, Connections, Vol. 12, No. 2, 2013, p. 21.

存且各安全因素复合互动造成的不稳定局面使得中亚国家安全需求增加。首先，“后阿富汗战争”时代中亚的恐怖主义等非传统安全问题日益严峻，且相互交织。其次，美国将中亚国家置于遏制中俄与阿富汗重建两大战略之下，由美国提供的地区安全公共产品无法满足中亚国家安全需求，引发角色期待超载。① 美国“印太战略”的持续推进，提高了中亚国家分享由美国主导供给的地区安全公共产品的风险。最后，部落家族政治、政治利益集团博弈以及外部“颜色革命”这些影响中亚各国政权安全的不确定因素仍然存在且影响较大，2019 年 7 月土库曼斯坦总统“失踪”和 2020 年 10 月吉尔吉斯斯坦政局突变等都表明中亚国家面临“内忧外患”的双重压力。中亚国家在着力提升安全自主能力的同时，与域外大国加强安全合作，仍是维护自身安全的常态化举措。

三、域外大国参与中亚地区安全公共产品供给的战略选择

中亚直接关系到中国西部边疆的安全与稳定，是中国推进周边外交和推进“一带一路”倡议的重要区域。中国要将自身经济实力转化为地区安全公共产品供给的比较优势，持续加大对地区安全公

① 杨双梅、曾向红：《国家角色间冲突的应对——以美国参与中亚区域治理为例》，《俄罗斯研究》2020 年第 5 期，第 144—167 页。

共产品供给力度，提高供给效力和可持续性，加快构建新型区域合作供给模式，优化地区安全环境。

（一）增强身份认同，打造中亚安全共同体

中国参与中亚地区安全公共产品供给的关键原因在于维护中亚和平稳定。打造中亚安全共同体，既可对接中亚国家的安全需求，也可优化中亚地区安全环境，提高由中国参与供给的安全公共产品的契合度，增强中国的地区影响力。中亚安全共同体是中亚命运共同体的安全支柱，没有安全共同体的命运共同体是脆弱的。①

首先，安全共同体的核心是共同认同。② 打造中亚安全共同体、构建中亚命运共同体的首要在于增强中亚国家对中国的身份认同，中国必须创新合作理念，减少中亚国家的疑虑和担心。一方面，中国参与中亚安全事务坚持以“新安全观”为指导，以上合组织为依托，以中亚安全共同体为建设导向。2013 年 9 月，习近平主席在访问哈萨克斯坦期间明确指出：“我们尊重各国人民自主选择的发展道路和奉行的内外政策，决不干涉中亚国家内政。中国不谋求地区事务主导权，不经营势力范围。”③ 中国严格遵循不干涉他国内政和多边协商一致的原则，尊重中亚各国安全需求的异质性，以互惠、共

---

① 王义桅：《全球化时代的大国安全观——中国的安全文明及其对西方的超越》，人民网，2014 年 8 月 29 日，http：//theory. people. com. cn/n/2014/0829/c388583 - 25566556 - 3. html。（上网时间：2021 年 2 月 18 日）

② 王江丽：《非传统安全语境下的“安全共同体”》，《世界经济与政治》2009 年第 3 期，第 54—61 页。

③ 《弘扬人民友谊 共创美好未来》，人民网，2013 年 9 月 8 日，http：//cpc. people. com. cn/n/2013/0908/c64094 - 22843681. html。（上网时间：2021 年 2 月 18 日）

赢为合作导向。另一方面，中国参与中亚安全事务秉持“亲、诚、惠、容”的周边外交理念。“亲”在于提高由中国参与供给的地区安全公共产品与中亚国家安全需求的契合度和亲和力，增强中亚国家对中国的认同；“诚”在于加大供给力度和提高地区安全公共产品供给的透明度，培育战略互信；“慧”在于容许和欢迎中亚国家搭乘中国发展的便车，分享中国发展带来的福利，彰显负责任的大国形象；“容”在于兼顾域内外各方利益需求，追求包容发展。

其次，中亚国家是地区安全公共产品的直接消费国。中国要坚持安全共建理念，以中亚国家安全需求为供给导向，提高由中国参与供给的地区安全公共产品与中亚国家安全需求的契合度，防止供求脱节，以实际行动消除中亚国家的疑虑，也要发挥中亚国家的主体性作用，提高中亚国家在地区安全公共产品供给体系中的地位与作用，以合作优化中亚地区安全公共产品的供给网络。为防止上合组织扩员后组织议题泛化和中亚成员国对中亚中心地位可能被弱化等问题的担忧，中国需要强调中亚在上合组织安全治理中的地理中心不会动摇，继续拓展和深化上合组织框架内的安全合作，扩大安全公共产品供给。[①] 同时，加强全方位、多层次的理念宣传，除扩大政府顶层交流之外，也要加大对公共外交的投入力度，增进双边民间交往，提高中亚国家民众对中国的认同度。

最后，阿富汗是影响中亚地区安全与稳定的一个系统性因素，建设中亚安全共同体不可忽视阿富汗在其中发挥的关键作用。当前，

---

① 陈小鼎、王翠梅：《扩员后上合组织深化安全合作的路径选择》，《世界经济与政治》2019 年第 3 期，第 108—134 页。

中亚安全问题愈发受到域内外复杂因素的综合影响，其中很大一部分来源于阿富汗本国安全威胁的外溢，不能将阿富汗问题与中亚安全问题完全割裂开来、忽视其在中亚地区安全问题解决进程中的作用,[①] 必须加强源头治理，将阿富汗纳入到中亚地区安全治理体系中，积极发挥上合组织—阿富汗联络小组[②]在维护地区安全与稳定方面的作用。

（二）分享收益，欢迎中亚国家搭乘中国发展的列车

中国参与中亚地区安全公共产品供给是一项持久工程，必须坚持安全共享原则，处理好由中国参与供给的地区安全公共产品“自利”与“公共”之间的关系，防止被贴上“私物化”的标签，提高安全公共产品的供给效力和供给的可持续性。

作为中亚地区安全公共产品的主要供应国之一，中国欢迎中亚国家搭乘中国发展的列车，并且愿望主动承担、多承担安全公共产品供给。2014 年，习近平主席先后在中阿合作论坛、蒙古国国事访问期间以及亚太经合组织领导人北京峰会上明确提出：“中国将推动通过对话找到各方关切的最大公约数，为妥善解决地区热点问题提供公共产品”,[③] “中国愿意为周边国家提供共同发展的机遇和空间，

---

① Kristin Fjæstad and Heidi Kjærnet, “Performing Statehood: Afghanistan as an Arena for Central Asian States”, Central Asian Survey, Vol. 33, No. 3, 2014, p. 320.

② 上合组织—阿富汗联络小组成立于 2005 年，是上合组织与阿富汗建立的定期磋商机制，曾于 2009 年中断，2017 年恢复。

③ 《习近平在中阿合作论坛第六届部长级会议开幕式上讲话》，新华网，2014 年 6 月 5 日，http://www.xinhuanet.com//politics/2014－06/05/c_1111003387.htm。（上网时间：2021 年 2 月 18 日）

欢迎搭乘中国发展的列车，搭快车也好，搭便车也好，我们都欢迎”，[①] “中国有能力、有意愿向亚太和全球提供更多的公共产品，特别是为促进区域合作深入发展提出新倡议、新设想”。[②] 表明了中国为国际社会提供公共产品的意愿和态度。

同时，作为国内政策的延伸，区域公共产品往往是一国具有比较优势的国内公共产品在区域层面的投射。[③] 中国需要发挥地区安全公共产品供给的比较优势，增强供给的可持续性。经过近三十年的发展，中亚各国的安全需求已由独立初期的保障本国独立生存转向追求高质量发展，加之经济发展提升了安全自主能力以及奉行多元平衡政策优化了本国发展环境、扩展了发展空间，对其他领域尤其是经济领域的公共产品提出了更多、更高的要求。于中国而言，中国经济高质量发展凸显了中国的供给优势，“欢迎搭乘中国经济发展快车，分享中国改革、开放、发展的成果”，成为当前中国扩大供给优势、深化多边安全合作的关键路径。[④] 中国在加大地区安全公共产品供给力度同时，要将自身强大的经济实力优势转化为安全公共产品的比较优势，增加对中亚各国基础设施建设的投入力度，深化与中亚各国在经济领域的合作，帮助中亚各国补缺发展短板，使得经

---

① 《习近平欢迎各国“搭便车”亚洲方式布局周边外交》，人民网，2014 年 8 月 22 日，http：//politics. people. com. cn/n/2014/0822/c70731 - 25522518. html。(上网时间：2021 年 2 月 18 日)

② 《谋求持久发展 共筑亚太梦想》，人民网，2014 年 11 月 10 日，http：//finance. people. com. cn/n/2014/1110/c1004 - 26000555. html。(上网时间：2021 年 1 月 20 日)

③ 樊勇明：《从国际公共产品到区域性公共产品——区域合作理论的新增长点》，《世界经济与政治》2020 年第 1 期，第 143—152 页。

④ 《习近平出席博鳌亚洲论坛 2018 年年会的中外企业家代表座谈》，新华网，2018 年 4 月 11 日，http：//www. xinhuanet. com/politics/2018 - 04/11/c_1122667208. htm。(上网时间：2021 年 2 月 18 日)

济合作与安全合作一道成为推动中国与中亚国家合作的“双引擎”，为中国与中亚国家深化安全合作注入新动能。

（三）加强安全互动，优化地区安全环境

中国参与中亚地区安全公共产品供给直接受到美俄两国的影响，加强与美俄安全互动是增强地区安全公共产品供给可持续性的关键外部因素。地区安全公共产品是域内外相关大国共同的安全关切，没有任一国仅靠自身实力就可实现完全供给，加之其本身就蕴藏着合作的潜力，继而为大国良性互动、塑造地区认同和稳定地区秩序创造了条件。①

中俄战略互动是重中之重。中亚既是俄罗斯的“战略后院”，也是中俄“共同的周边”，经营好、维护好中亚和平稳定对中俄两国具有重要的战略意义。②

中、美、俄三方和平共处本身就是对中亚安全的一大贡献，三方安全联动共同构筑起中亚安全的防火墙。加强中、美、俄三方安全互动、增强政治互信是保证中国安全公共产品供给可持续化、保障中亚和平稳定常态化的关键。增强政治互信，必须发挥地区安全公共产品是大国安全竞争缓冲剂的作用，以中亚地区安全公共产品的合作供给为切入点，以开放包容的方式实现安全公共产品的互补

① 陈小鼎：《区域公共产品与中国周边外交新理念的战略内涵》，《世界经济与政治》2016 年第 8 期，第 37—55 页。

② 信强：《“三重博弈”：中美关系视角下的“一带一路”战略》，《美国研究》2016 年第 5 期，第 19—30 页。

供给，降低由各自主导供给的安全公共产品的竞争性。

同时，随着中亚各国安全自主能力与意愿的提升，中亚国家的多元平衡外交更具投机性，为中、美、俄三方加强安全互动提供了必要条件。新冠肺炎疫情的全球性和联动性再次表明世界是一个命运共同体，中美俄任意一方都无法独善其身，只有加强合作，才能保证利益最大化。

四、结语

基于不同的地区战略目标，美俄两国主导供给的地区安全公共产品不可避免地带有“私物化”倾向和次优性，甚至将中亚国家安全需求整合进美俄的地区安全战略之中，供求矛盾日益突出。反观中亚各国，为保障政权安全和维护地区安全稳定，奉行的多元平衡政策扩展了国际活动空间，与大国的安全互动提高了安全自主能力。然而，受制于自身安全能力不足和“后阿富汗战争”时代中亚地区安全局势的复杂化，中亚国家安全压力陡增，安全需求随之增加。

美国在中亚地区的不结盟现象及其对地区治理的影响

邓　翀*

摘　要　当美国致力于构建全球联盟体系时，为什么在具有重要地缘战略价值的中亚地区没有建立起联盟关系？本文认为，对联盟"成本－收益"的考量是导致美国在中亚地区不结盟的主要原因。美国在中亚地区结盟的预期成本包括直接成本、风险成本与溢出成本，预期收益主要是战略收益、安全收益和经济收益。尽管中亚地缘战略重要性、中亚地区国家与美国共同感知的俄罗斯威胁构成了美国在中亚地区建立联盟的条件和理由，但这仅仅构成了美国在这一地区结盟的必要条件，而构成美国在该地区结盟的充分条件的"成本小于收益"并不存在，因此美国没有在中亚地区结盟。美国从阿富汗撤军后，在中亚地区结盟实际上有损美国的利益，美国能够通过非结盟化的合作方式继续有效实现自身在该地区的利益，因此美国在中亚地区将继续维持其非结盟化的政策。

* 邓翀，中国人民大学国际关系学院博士生，主要研究方向为上海合作组和中亚地区治理问题。

关键词 美国；中亚；联盟；成本－收益；充分条件

出于维护霸权体系和实现全球力量投射的需要，冷战后的美国不仅没有解除冷战时在世界范围内建立的各种同盟，反而将其保留并积极巩固与盟友之间的联系，将联盟作为实现其对外战略目标的主要政策工具。作为一种工具，联盟在冷战后美国对外政策中有广泛的运用：欧洲的北大西洋公约组织、亚太地区的双边联盟体系、中东地区和以色列的联盟等。尽管美国为维护盟友体系支付了一定的成本，但其从中所获得的收益同样非凡。然而，一个值得关注的现象是：当美国致力于构建全球联盟体系时，为什么在具有重要地缘战略价值的中亚地区①没有建立起联盟②关系？

对于这个问题，北约东扩或许可以成为一种解释。但是问题在于，当北约东扩的对象开始向东欧中亚地区发展时，尽管这一地区的国家积极表达了加入北约的意愿③，但东扩的进程依然异常缓慢。之所以如此，很大一部分原因在于北约内部无法达成共识④，以及北约对成员国“与邻国不存在领土争端”⑤ 这一硬性要求。而东欧中

---

① 根据中华人民共和国商务部欧亚司的划分，本文所指的中亚地区主要指中亚五国，即哈萨克斯坦、乌兹别克斯坦、塔吉克斯坦、吉尔吉斯斯坦和土库曼斯坦。

② 本文的联盟采用较为严格的定义，即联盟应同时具有以下五个特征：一，针对外部威胁；二，签订军事盟约；三，以安全合作为目的；四，以国家为主体；五，具有相对稳定性。参见孙德刚：《国际安全合作中联盟概念的理论辨析》，《国际论坛》2010 年第 5 期，第 52 页。

③ 2002 年 5 月，乌克兰首次提出加入北约的目标，格鲁吉亚则从独立之初就开始了入约进程。参见北约官网，https：//www. nato. int/cps/en/natohq/topics_38988. htm。（上网时间：2022 年 8 月 10 日）

④ 毕玉蓉：《格鲁吉亚：加入北约有点难》，《解放军报》2013 年 10 月 16 日第 8 版。

⑤ NATO，“1995 Study On Enlargement”，https：//www. nato. int/cps/en/natohq/topics_49212. htm. （上网时间：2022 年 2 月 3 日）

亚地区有希望成为北约成员的国家中，无一不存在领土问题，这实际上意味着，美国无法通过北约东扩来与东欧中亚地区国家之间建立联盟。然而即使在这样的情况下，美国也没有采取绕过北约单独建立双边联盟的行动，足以说明美国没有意愿在中亚地区建立联盟，这显然与美国对外政策所赋予的中亚地区的战略地位不符。因此，对美国在中亚地区不结盟化的原因进行探究是有意义的。在目前学术界的有关研究中，对这一问题进行回答的文献几乎没有。与之相关的文献主要着重于分析美国在中亚的外交政策目标及实践，如有学者将美国中亚政策目标概括为遏制俄罗斯等大国，将中亚整合进西方的政治经济价值体系当中以及塑造中亚国家的发展方向。① 也有学者认为，美国在中亚地区的政策与战略目标核心是“制衡”，不仅制衡俄罗斯等传统制衡对象，同时也制衡欧洲，防止欧洲与俄罗斯和解而摆脱美国的控制。② 当然更多的文献都是在大国地区博弈的框架下分析美国对中亚国家的政策。③ 整体而言，这些文献关注到了美国的中亚地区政策是什么以及如何实践，但是对于本文的核心问题“为什么不结盟”则没有涉及。本文将从联盟的“成本－收益”视角对美国在中亚地区的非结盟化进行分析，探究其不结盟的原因及政策前景。

---

① 曾向红：《遏制、整合与塑造：美国中亚政策二十年》，兰州大学出版社 2014 年版，第 5 页。

② 阮建平、叶茹琪：《大变局下美国欧亚制衡战略的调整》，《欧亚人文研究》2020 年第 4 期，第 9—20 页。

③ 代表性文献如李永全：《欧亚地缘政治形势与大国博弈》，《俄罗斯研究》2020 年第 4 期，第 3—19 页。此类文献数量较多，但因与本文研究主题相关性不强，不一一列举。

一、联盟中的成本－收益问题

（一）成本－收益与国家行为

理性主义是西方文化中重要的认识论和方法论基础，也是许多国际关系理论的基础。理性主义分为早期的价值理性和二战后的工具理性。其中工具理性主义是指一种关于不同事实之间的因果关系判断，它指向“实然”状态的现存事实，是在此条件下依据手段及程序的可计算性做出的判断，因此，又可以表述为客观的合逻辑性。它通过成本－收益的核算，经过仔细的权衡估计，对可供利用的实现目标的手段进行优化选择，并且主要关注的是手段和程序的可计算性。[①] 在国际关系理论当中，工具理性主义显著的体现于新现实主义和新自由制度主义理论当中。在沃尔兹的理论中，作为国际关系行为主体的国家是单一理性行为体，国家在采取行动时会进行成本－收益的核算，像“经济人”那样进行理性选择。[②] 新自由制度主义同样基于国家是理性行为体，而在理论建构中引入了博弈论模型。[③] 建构主义尽管对工具理性作出了一些修正，但是也并没有否认

---

① ［法］亨利·勒帕日著，李燕生译：《美国新自由主义经济学》，北京大学出版社1985年版，第24页。

② ［美］肯尼思·沃尔兹著，信强译：《国际政治理论》，上海人民出版社2003年版，第120—142页。

③ ［美］罗伯特·基欧汉著，苏长和等译：《霸权之后——世界政治经济中的合作与纷争》，上海人民出版社2001年版，第101页。

国家行为时会进行成本－收益的核算，只是对成本和收益的内涵做了相应调整。① 总之，无论理性主义具体内涵如何，各大主流理论均承认国家是理性行为体这一基本假设，对成本－收益的考量主导着国家的对外政策行为。

成本－收益是商业化社会考虑外交问题的出发点。在国际关系史上，存在许多因为缺少对成本－收益考量而导致外交失败的案例。例如 16 世纪西班牙帝国的主政者费利佩二世对外战略的一个根本观念是，不惜任何代价地维持西班牙全球性帝国，并且大力扩展这个帝国。② 在这样一种不计成本的对外战略的指导下，西班牙帝国的外交出现了极其危险的“战略过度扩张”现象，即本身的资源和外交行为所取得的收益不足以负担相应外交行为的成本，从根本上导致了大帝国的衰落。③ 历史案例证明，只有当行为体判断政策收益将大于成本时，行为体实施这一政策才是有益的；而当政策收益不足以支付成本时，即使存在实施某一政策的条件，行为体应考虑采取其他政策选择。④

（二）成本－收益与联盟

联盟不仅是国际政治中的一种重要的实践方式，也是一个重要

① ［美］彼得·卡赞斯坦等编，秦亚青等译：《世界政治理论的探索与争鸣》，上海人民出版社 2006 年版，第 352 页。

② 时殷弘：《现当代国际关系史》，中国人民大学出版社 2006 年版，第 75 页。

③ ［美］保罗·肯尼迪著，陈景彪等译：《大国的兴衰——1500—2000 年的经济变迁与军事冲突》，国际文化出版公司 2006 年版，第 197 页。

④ 阎学通、孙学峰：《国际关系研究实用方法》，人民出版社 2001 年版，第 190 页。

的理论议题。就联盟的起源和性质而言，不同的学者基于自身的知识体系，对这一问题有不同的理解。结构现实主义者认为，国家结盟的目标和动机就是要通过结盟来保持一种对自身安全有利的权力对比关系。[①] 自由制度主义者认为，联盟实际上是一种安全制度，国家结盟的目的就是要通过使其他行为体的行为具有可预见性从而获得自身的安全，同时利用集体的力量扩大自身参与其他地区事务的能力。[②] 金・童非借用经济学中的市场相关概念，提出了联盟市场理论。该理论将联盟视为一个关于“安全产品”的合同，联盟成员则围绕安全产品被分为供给方和需求方。双方根据自身的利益需求和拥有的资源进行讨价还价，构成了联盟内的博弈关系。[③] 回顾这些理论不难发现，不同的联盟理论对结盟目标的理解是不同的，但这并不妨碍它们存在共同的地方，即不管目标的内容如何，最终都只有通过国家利益的概念才能有效理解。因此可以说，当国家进行结盟活动时，本质上是在追求一种收益，这种收益可能是政治的和安全的，可能是经济的和意识形态的，也可能是多者并存的。联盟本身不是国家行为的目的，而只是一种实现某种特定国家利益的政策手段。联盟的工具性特征不仅意味着国家在组建联盟时应考虑成本－收益问题，而且意味着联盟并非永恒的存在，当某一特定联盟失去了实现某种利益的功能价值时，联盟将趋于瓦解。

---

① ［法］夏尔－菲利普・戴维著，王忠菊译：《安全与战略——战争与和平的现时代解决方案》，社会科学文献出版社2011年版，第154—157页。

② ［德］赫尔戈・哈弗滕多恩、［美］罗伯特・基欧汉、西莱斯特・沃兰德主编，尉洪池等译：《不完美的联盟：时空维度的安全制度》，世界知识出版社2015年版。

③ Tongfi Kim, “The Supply Side of Security—a Market Theory of Military Alliances”, Stanford University Press, 2016, pp. 120－122.

因此，国家在联盟中所投入的资源只能是、而且应该是有限的，不能将无限的资源投入到一个并不能永久存在的联盟中。

国家的任何一项对外政策行为都需要支付一定的成本，联盟也不例外。联盟政策所需要支付的成本包括两种类型：一是联盟的建立和维持中需要支付的直接成本，比如为盟友提供低于市场价值的武器装备、帮助其承担防卫任务、经济援助等；二是风险成本，即“由于风险的存在和风险事故发生后人们所必须支出的费用或减少的预期收益”。① 在联盟中，所谓风险成本，就是联盟建立之后可能引发的其他行为体的强烈反应，从而造成对结盟国的利益损害，或者因为盟友的行为而将自己卷入原本可以置身事外的冲突当中。联盟困境理论所论述的“被牵连－被抛弃”就是最常见的风险成本之一。风险成本与直接成本不同，直接成本相对更具有可预测性，而风险成本则具有更多的不确定性，对联盟的风险成本的衡量，既有赖于对结盟对象行为模式的判断，也有赖于对结盟针对对象的行为模式的判断。正是因为这种不确定性，国家在衡量结盟的风险成本时，出于成本最小化的考虑，会更加谨慎。由此观之，结盟行为的成本与收益一样具有多面性，在衡量结盟的成本时，不仅需要考虑直接成本，更需要考虑风险成本，而当结盟的施动者为霸权性大国时更是如此。

① Bradford, Michael, “Cost of Risk Is Expected to Reverse Course Rise”, Business Insurance, Vol. 35, Issue 51, pp. 1 – 2.

二、建立联盟的必要性和条件

斯蒂芬·沃尔特认为，联盟起源于国家“制衡威胁”的需要。① 从这一角度出发，由于中亚地区重要的地缘战略位置、地区内国家在一定程度上所面临的来自俄罗斯的威胁，以及美国全球霸权护持战略的需要，美国有理由、同样也有条件在中亚地区建立起联盟关系。

（一）建立联盟的必要性

冷战结束后至今，尽管具体的战略目标有所变化，但美国对中亚地区的核心战略需求始终保持着一致，即防止中亚地区出现有力的竞争者。② 美国前总统国家安全事务助理布热津斯基指出：“美国的首要任务是要确保没有任何国家或者国家集团具有把美国赶出欧亚大陆，甚或极大地削弱美国关键性仲裁作用的能力。”③ 进入 21 世纪后，国际形势发生深刻变化，美国地缘政治学者罗伯特·卡普兰

① ［美］斯蒂芬·沃尔特著，周丕启译：《联盟的起源》，北京大学出版社 2007 年版，第 5 页。

② Andrew C. Kuchins, “What is Eurasia to US (the U. S.)”, Journal of Eurasian Studies 9, 2018, pp. 125 – 133.

③ ［美］兹比格纽·布热津斯基著，中国国际问题研究所译：《大棋局：美国的首要地位及其地缘战略》，上海人民出版社 2007 年版，第 41—49 页。

进一步指出，随着欧洲的式微、中国的崛起以及从印尼到东非跨越印度洋的互动急剧上升，欧亚地区的地缘战略重要性正进一步加强，是美国必须重点关注的地区之一。① 正是基于这一目标，美国自冷战后就一直积极参与欧亚地区事务，其政策手段包括加强与地区内国家的军事安全合作，并设法保持在该地区的军事存在、推进市场化等。但从实际效果来看，美国在欧亚地区的影响力并没有得到显著提升，相反有下降之势，尤其是2021年美国从阿富汗撤军之后，更是失去了在该地区唯一的驻军。政策目标与实践结果之间的差异性，要求美国在该地区建立更加紧密的伙伴关系——如同布热津斯基所指出的，美国欧亚战略的成功，需要与乌克兰、阿塞拜疆和乌兹别克斯坦这种战略地位重要的国家建立更密切的关系，并且作出更广泛的努力。② 较之于现存的合作伙伴关系，这种“更密切的关系”选项非同盟莫属。

就美国在该地区的政策实践而言，美国一直没有放弃建立更加紧密的伙伴关系，为此，美国付出了大量资源。在中亚地区，美国2005年之后积极推行“大中亚计划”和“C5＋1”机制，培植亲美精英以影响国家内外政策。在高加索地区，美国在俄格武装冲突之后抓住机会，积极与格鲁吉亚发展安全防务、经济贸易、文化教育等领域的合作，并签署了《战略伙伴关系宪章》，力图把格鲁吉亚拉入自己的阵营。在东欧地区，美国一直致力于将乌克兰打造成反俄

① Kaplan R. D.，“The Return of Marco Polo's World：War，Strategy，and American Interests in the Twenty－first Century”，Random House Trade Paperbacks，2017，pp. 7－21.

② ［美］兹比格纽·布热津斯基著，中国国际问题研究所译：《大棋局：美国的首要地位及其地缘战略》，上海人民出版社2007年版，第209页。

前哨，从2004年的“橙色革命”到2009年的“东部伙伴关系计划”以及后来的乌克兰阻挠欧亚一体化，都有美国在背后的参与。美国在该地区的一系列行为进一步证明了该地区在美国对外大战略中的重要地位。对美国来说，联盟是维持美国在全球各地区的安全存在以及对地区事务高度介入的核心手段。[①] 在这样一个战略地位重要的地区，若能建立起牢靠的联盟关系，对美国在该地区的存在和实现战略目标显然具有重大作用，可见美国在该地区结盟的必要性。

（二）建立联盟的条件

斯蒂芬·沃尔特的“威胁制衡”理论认为，威胁的存在是国家建立联盟的基本外部条件。金·童菲认为，联盟是一份各国同意持续交换商品和服务的合同，其中至少有一项是军事承诺。各国联盟的目标都是为了收益，无论其具体目标为何。联盟内成员根据联盟市场中最核心的产品——“安全”分为供给方和需求方。[②] 因此，我们可以认为，联盟建立的条件存在于三方面，共同外部威胁的存在、对安全的需求、供给安全产品的能力。

在苏联解体初期，叶利钦政府一方面在经济上对中亚地区国家“甩包袱”，另一方面却在军事安全领域对该地区国家实施高压和控制政策。这样的政策错位不仅引发该地区国家的不满，更直接导致

① 刘丰：《秩序主导、内部纷争与美国联盟体系转型》，《外交评论》2021年第6期，第28页。

② Tongfi Kim, “The Supply Side of Security—A Market Theory of Military Alliances”, Stanford University Press, 2016, pp. 167 – 173.

了这些国家对自身刚刚获得的主权的担忧。这种心理的典型反映就是具有反俄性质的“古阿姆”集团的建立。[①] 在现实层面，俄罗斯也曾多次因领土主权问题而和该地区国家之间发生直接冲突，如俄罗斯与乌克兰之间的克里米亚争端、俄罗斯和格鲁吉亚之间的南奥塞梯争端，甚至与亲密盟友白俄罗斯之间也有争端。

对美国而言，从冷战结束之日起，俄罗斯就是重要的战略对手。在 2017 年 12 月 18 日特朗普发布的首份《国家安全战略报告》中，特朗普指出俄罗斯正在“试图改变美国的影响力”，以及俄罗斯正在谋求控制其周边地区。[②] 2021 年 3 月 3 日拜登公布的《临时国家安全战略》中同样指出：“俄罗斯仍决心增强其全球影响力，在世界舞台上发挥破坏性作用。俄罗斯投入了大量精力来遏制美国势力，阻止我们维护美国在世界各地的利益和盟友。”[③] 这表明，俄罗斯不仅是该地区部分国家的威胁，同样也是美国的“威胁”来源，尽管“威胁”的具体含义不一样。而从能力上讲，美国显然不缺乏在该地区建立联盟的实力。因此，从共同外部威胁的存在、对安全的需求、供给安全产品的能力而言，美国与该地区的国家之间满足建立联盟的条件。

---

① Elena Kropatcheva, “Russia and the Collective Security Treaty Organisation: Multilateral Policy or Unilateral Ambitions”, Europe – Asia Studies, Vol. 68, No. 9, pp. 1526 – 1552.

② White House, “National Security Strategy of the United States of America”, https://www.whitehouse.gov/briefings – statements/remarks – president – trump – administrations – national – security – strategy/.（上网时间：2021 年 11 月 23 日）

③ White House, “Interim National Security Strategic Guidance”, https://www.whitehouse.gov/briefing – room/statements – releases/2021/03/03/interim – national – security – strategic – guidance/.（上网时间：2021 年 11 月 23 日）

三、结盟的预期成本

（一）直接成本

在非对称同盟中，主导国与附属国之间的关系表现为一种因力量显著不均衡而产生的联盟成本的不均衡分担，其中主导国作为实力更强大的一方，需要承担更多的联盟成本。[①] 由于目前美国并没有在该地区建立双边同盟，因此要在大致上衡量美国在该地区结盟的直接成本，需要寻找一个有价值的参照。就该地区国家而言，情况有与东南亚国家类似的地方：首先他们都是属于国际体系中自身实力较为弱小的国家，都是中等收入国家，与美国相比其各方面都存在显著差距；[②] 其次，二者在地理位置上有相似的特点；最后，美国在东南亚地区的联盟都是双边联盟。因此，美国在东南亚联盟关系中所支付的成本可以作为有益的参考，以衡量美国在中亚地区可能需要付出的直接成本。

在东南亚地区，菲律宾是美国最主要的盟友，也是美国在整个地区中倾注资源最多的国家。为了提升盟友菲律宾的军事能力和实现联盟的战略目标，美国为其提供了大量的军事援助，代替盟友支付了维护自身安全的成本。2018 年，特朗普治下的美国重回“孤立主义”，大幅缩减

---

① 钟振明：《公共产品与联盟经济理论》，《世界经济与政治》2002 年第 10 期，第 28—33 页。

② 相关数据和分类标准参见世界银行网站，https://data.worldbank.org/country。（上网时间：2021 年 8 月 4 日）

对外援助额度。在这样的背景下，菲律宾当年依然从美国获得了约6000万美元的军事援助，而同期作为非盟友的印尼为1700万美元、越南为1300万美元、马来西亚为600万美元。2020年，美国对菲律宾的各项援助总额达到1.9亿美元，在东南亚国家中位居第一。而同时期，美国对东南亚国家的平均援助额为0.44亿美元。[①] 这样的数据表明，美国在维持联盟关系时所支付的成本要远高于伙伴关系。而同时期，由于美国并没有与地区内国家建立联盟关系，因此各种援助额度明显不高。截止到2020年，美国对该地区部分国家[②]的援助总额（每年度）分别为阿塞拜疆0.25亿美元，格鲁吉亚0.76亿美元，乌兹别克斯坦0.31亿美元，摩尔多瓦0.36亿美元。同期美国对欧洲和欧亚地区援助的平均水平为0.25亿美元。[③] 这些数据表明，美国当前在该地区国家倾注的资源和维持伙伴关系所支付的成本还处于有限的水平，若以菲律宾为标准，当前程度的成本支出显然还不足以在欧亚地区维持盟友级别的关系，同时也证明，美国如果在该地区建立联盟，必定还需支付比当前更多的直接成本，才能有效维持联盟的存在并使其发挥作用。

（二）风险成本

与直接成本不同，对风险成本的评估更多依赖于对结盟对象国

① 美国国际开发署，https://explorer.usaid.gov/cd/PHL? measure = Obligations& fiscal_year = 2020。（上网时间：2022年8月12日）

② 之所以选择这些国家进行分析，是因为这些国家与俄罗斯关系不睦，在立场上更亲近与西方，有可能成为美国结盟的对象。

③ 美国国际开发署，https://explorer.usaid.gov/cd/MDA? fiscal_year = 2020&measure = Obligations。（上网时间：2022年7月10日）

所处的国家间关系的环境，以及对结盟对象国自身政策风格和取向的评估。具体来说美国在该地区结盟所需要承担的风险成本包括两个方面，一是俄罗斯可能的激烈反应以及由此造成的美俄在体系层面竞争的进一步加剧甚至恶化；二是可能成为美国盟友的那些国家自身内部或与周边国家存在的领土问题——这既是阻碍美国通过北约的多边联盟框架将其纳入联盟体系的障碍，也是美国在该地区缔结双边同盟后需要面对的“被牵连”困境。

第一，俄罗斯可能的激烈反应。从地缘战略和地缘安全角度看，该地区之于俄罗斯，无异于古巴之于美国，是绝对不被允许倒向战略竞争对手的。在北约东扩的背景下，独联体国家已经成为俄罗斯最后的“战略屏障”，一旦丧失，俄罗斯就将直接暴露在来自西方的安全威胁之下，这显然是无法接受的。2008 年 8 月 8 日，俄格武装冲突爆发，俄罗斯的目标就是要画出自己的利益“红线”，坚决阻止西方对独联体地区的进一步渗透。这场战争向美国以及西方发出了一个明确信号，即西方在该地区的进一步扩张必然会招致俄罗斯不惜一切代价的反制。2014 年克里米亚“脱乌入俄”，也是俄罗斯在地区问题上的态度的证明。2021 年 5 月 10 日针对美国正试图将在阿富汗的驻军转移到中亚①的消息，俄罗斯联邦委员会国际事务委员会第一副主席贾巴罗夫称，美国在中亚建立军事基地会导致地区局势动荡。② 5 月 17 日，普京签署命令，要求俄有关部门与塔吉克斯坦

① “Afghan Pullout Leaves U. S. Looking for Other Places to Station Its Troops The Wall Street Journal”, https: //www. wsj. com/articles/afghan - pullout - leaves - u - s - looking - for - other - places - to - station - its - troops - 11620482659? page = 1.（上网时间：2021 年 5 月 8 日）

② 《俄参议员：美在中亚部署军事基地会令该地区局势紧张》，俄罗斯卫星通讯社，http: //sputniknews. cn/politics/202105111033659784/。（上网时间：2021 年 6 月 2 日）

签署建立联合区域防空系统的协议①；5 月 18 日，俄哈开始在里海举行为期 5 天的联合海军演习。尽管俄罗斯并没有官方认定这些行为的目的，但是很难说这不是俄罗斯对美国试图驻军中亚的抗议。因此，俄罗斯的反应以及由此造成的美国在对外战略竞争中付出的更多资源和精力，成为美国在欧亚地区结盟所要考虑的风险成本之一，也是最主要的风险成本。

第二，“被牵连”进地区冲突的风险。当前该地区还存在不少的领土争端，阿塞拜疆和亚美尼亚之间的纳卡问题；俄罗斯与格鲁吉亚之间的南奥塞梯、阿布哈兹问题等。这些问题的出现固然有其深刻的历史原因，但更重要的是，俄罗斯的目的是试图将这些问题打造成“进攻性楔子”②，提高美国在该地区结盟的风险成本。这种战略之所以有效，其原理在于：一旦美国与这其中亲西方的一个或几个国家结成联盟，原本属于独立的国家间冲突可能演变为两个联盟阵营之间的冲突。这不仅是因为联盟本身的军事安全互助性质，还因为联盟的建立会给处于冲突前沿的国家更强烈的政策冒险动机，会在客观上加剧武装冲突的风险。③ 美国作为盟友，为维护自身作为盟友的可靠性和忠诚度，即使不被牵连到直接参与战争，也需要为盟友承担更多的防务成本，即当盟友陷入地区冲突时，作为盟国的美国的确需要且会承担更多的成本。

① 《普京责令与塔吉克斯坦签署有关建立统一防空系统的协议》，俄罗斯卫星网，http：//sputniknews. cn/military/202105171033706753/。（上网时间：2021 年 7 月 3 日）

② 姜鹏：《从属侧施压：同盟强化还是同盟瓦解？——“进攻性楔子战略”成败的政治条件及其类型化研究》，《国际安全研究》2021 年第 3 期，第 25—51、157 页。

③ Glenn H. Snyder，“The Security Dilemma in Alliance Politics”，World Politics，Vol. 36，No. 4，pp. 461 –495.

（三）溢出成本

溢出成本在某种意义上也是风险成本的一种，因为它具有不确定性。由于同一主导国主导的联盟之间具有相互依赖性，因此某个联盟内部的变化，或者新的结盟的产生，也会因为某种机制而影响到主导国与其他联盟中盟友的关系，具体一般表现为盟友忠诚度、联盟可靠性的变化。[①] 美国在欧亚地区结盟政策变化最有可能影响到的就是美国与欧洲盟友之间的关系。

欧洲北约国家作为美国的盟友，在安全上依赖于美国，遏制来自俄罗斯的威胁是双方的共同安全利益所在。但是，由于欧洲对俄罗斯能源的巨大依赖，欧洲国家对与俄罗斯关系恶化的敏感性和脆弱性都要远大于美国。2020 年，俄罗斯在欧洲能源市场的占有率达 34%，远高于美国的 10%。而且由于长途运输，美输欧天然气价格要比俄输欧天然气的价格高出 30%。[②] 正是这一点，构成了跨大西洋联盟的软肋：欧洲国家若紧跟美国对俄罗斯的强硬政策，很可能招致俄罗斯来自能源领域的报复，造成不可估量的损失，且这种损失是作为盟友的美国无法弥补的，美国作为盟友的忠诚度将受到怀疑；若欧洲国家执行相对独立于美国的对俄政策，那么这一联盟本身的可靠性也将被削弱。过往的经验证明，欧洲正在追求更加独立于美国的政策。俄格武装冲突后，面对美国制裁俄罗斯的要求，意

---

① Iain D. Henry, "What Allies Want: Reconsidering Loyalty, Reliability, and Alliance Interdependence", International Security, Vol. 44, No. 4, Spring 2020, pp. 45 – 83.

② 韩显阳：《"普默会"释放了什么信号?》，《光明日报》2020 年 1 月 15 日。

大利外长明确表示不支持在欧洲建立“反俄同盟”。乌克兰危机后，欧盟追随美国制裁俄罗斯，结果不仅没有达到制裁效果，反而造成了自身的损失。[①] 2016—2019 年，欧盟的全球战略报告均不断强调“自主”，其本质就是要“去美国化”。[②]

基于上述逻辑与历史经验，美国在该地区建立联盟时必须要考虑到这一行为可能招致的对欧洲盟友利益的损害，以及由此而产生的对跨大西洋联盟关系的损害。跨大西洋联盟关系作为美国在全球范围内维护霸权最重要的支柱，对美国而言具有全球战略意义，其重要性远高于美国在该地区的利益，因此也构成了美国在该地区结盟的潜在溢出成本。

四、结盟的预期收益

（一）战略收益

美国在该地区结盟，在战略层面所能取得的收益至少包含两个方面，一是实现对俄罗斯战略空间的挤压与遏制；二是建立起从西欧到亚太的联盟“链”，通过盟友实现对欧洲—亚太地区的力量全

① 王玏、苟利武：《俄欧接近新态势评估：现状、动力及前景》，《当代世界与社会主义》2020 年第 3 期，第 170 页。

② The European External Action Service，“Shared Vision，Common Action：A Stronger Europe”，http：//eeas. europa. eu/top_stories/pdf/eugs_review_web. pdf. （上网时间：2021 年 8 月 23 日）

覆盖。

冷战结束后，美国对俄罗斯延续了冷战时期的“遏制”战略。虽然在冷战初期美对俄有过接触并在2001年以后开展了短暂的合作，但美俄之间的合作更多是一种临时性的、策略性的、虚情假意的合作，竞争、遏制与反遏制才是冷战后美俄关系的根本。[①] 从乔治·W. 布什到约翰·拜登，历届美国政府均将俄罗斯视为对美国国家利益和国际秩序的威胁。在俄罗斯西部，为了实施遏制，美国不仅保留了冷战时为遏制苏联而建立的北约，而且不断尝试向东扩展，试图挤压俄罗斯的战略生存空间。从1991年至今，北约已历经四次东扩，将十多个苏联国家纳入，极大地压缩了俄罗斯的西部战略空间。而在俄罗斯南部，美国目前并没有建立起稳定的盟友关系，也正因为如此，美国也无法在该地区事务中施加更多的影响力。2001年“9·11”事件后，美国曾借反恐之机实现了在中亚地区的驻军，但旋即因为“颜色革命”而被迫撤出。随着拜登政府上台后美国从阿富汗的撤军，美国进一步失去了在中亚地区驻军的抓手。美国之所以无法在中亚地区实现稳定的军事和战略存在，一部分原因固然在于美国政策的失误，但更重要的原因是美国没有建立起长期稳定的、受条约约束的联盟关系，因而缺乏对该地区国家行为的控制和影响途径。基于此，如果美国在中亚地区建立起联盟关系，一项可以预期的收益即在于实现在南部地区对俄罗斯的战略遏制。

在该地区建立联盟的另一个战略性的收益是扩大全球联盟体系，打造完整的从欧亚大陆西端到东端的横贯欧亚大陆的联盟链。在

① 汤闯新：《大国竞争决定世界变局》，上海书店出版社2015年版，第71页。

2018年的《国防战略报告》和2020年拜登政府发布的《临时国家安全战略指南》中都提出要扩大美国在全球的盟友体系，提升与盟友的关系，因为盟友“是美国独一无二的优势和巨大的力量源泉”。① 特朗普时期，受其“美国优先”政策的影响，要求盟友承担更多的联盟成本，使美国与诸多传统盟友之间的关系均受到一定损害，也造成美国的国际声誉受损。② 拜登上台后，开始着手修复与盟友的关系，并在中美战略竞争加剧的背景下尝试组建新的如技术联盟、民主价值观同盟等，拓展同盟体系的范围和内涵。③ 在这样的战略背景下，美国在该地区建立起新的同盟显然符合自身当前的战略利益和实践要求，不仅可以扩大联盟体系、增强美国的地缘战略竞争优势，而且可以在亚太和欧洲两大同盟体系之间架起桥梁，为构建一个更大的整体性同盟体系奠定基础。

（二）安全收益

“打击恐怖主义，杜绝恐怖分子的资助、支持和避难，消除滋生恐怖主义的土壤”④ 是美国在该地区的首要安全利益所在。从传统安全角度而言，该地区的安全形势变化难以对美国产生影响——这

① White House, “Interim National Security Strategy Guidance”, https: //www. whitehouse. gov/wp - content/uploads/2021/03/NSC - 1v2. pdf. （上网时间：2021年4月8日）

② 田旭：《特朗普执政以来美国联盟政策的调整》，《国际经济评论》2019年第6期，第100—115、7页。

③ 余南平、戢仕铭：《西方“技术联盟”组建的战略背景、目标与困境》，《现代国际关系》2021年第1期，第47—54、64页。

④ Stephen Blank, “Central Asia: An Opportunity for the Trump Administration”, Analytical Articles, March 22, 2017, the CACI Analyst.

也是冷战结束初期美国不热心于中亚地区事务的原因所在。然而随着“9·11”事件的发生，国际安全形势和美国的国家安全观都发生了巨大变化。以恐怖主义和宗教极端主义为代表的非传统安全问题成为美国国家安全的首要威胁来源。① 国际安全形势和美国国家安全观念的改变，加上该地区恐怖主义和宗教极端主义活跃的特点，使得该地区在美国国家安全战略中的地位显著提升。正如同2002年时任美国国务卿的鲍威尔所言：“美国在欧亚的存在利益急剧增加，这是一种我们以前无法想象的局面。”② 2001年后美国的反恐战争之所以能快速取得胜利，很大一部分原因是得到包括俄罗斯在内的世界范围内许多国家的支持。这其中由于中亚国家地处反恐战争的前沿，因而他们的支持显得尤为重要。例如乌兹别克斯坦在美国的反恐战争中，不仅向美开放位于乌阿边境附近的汉纳巴德机场和南部通往阿富汗的铁尔梅兹大桥，还表示“如果必要的话，美国可以继续留在乌兹别克斯坦，直到最终使恐怖主义网络瓦解”。③ 而在反恐战争结束后的阿富汗重建时期，无论是“新丝绸之路”计划，还是“大中亚计划”，美国都无法单独实施，都有赖于地区内国家的支持与合作。

上述事实表明，该地区国家的支持与合作对美国的国家安全利益而言是有价值且重要的。也正是这一点，构成了美国在该地区结

---

① 朱启超、龙坤：《试论后九一一时代美国国家安全战略的调整》，《美国研究》2018年第3期，第80页。

② Quoted in Vernon Loba, “Footprints in Steppes of Central Asia”, The Washington Post, February 9, 2002.

③ Kurt H. Meppen, “US – Uzbekistan Bilateral Relations: Policy Options”, Silk Road Paper, Harvard University, No. 15, 2006, pp. 18 – 21.

盟的安全收益。因为目前美国虽然保持着与地区内部分国家的安全合作关系，但这些关系普遍是脆弱的、不稳定的，这意味美国在这一地区的国家安全利益得不到稳定的保障，由此也构成了结盟所能填补的利益延展空间。制度主义认为，联盟除了“实力积累”的功能之外，还具有交换资源和作为内部控制工具的作用。[①] 因此，美国在该地区结盟的一项可能的重要收益就是通过建立联盟而将美国与地区内国家的关系机制化，通过支付一定的成本，比如提供军事援助，出售先进武器帮助实现国防现代化等，而换取盟友对美国在地区内驻军权的长期承诺，从而实现美国打击恐怖主义、消除恐怖主义滋生土壤的安全目标。

（三）经济收益

国际政治经济学认为，国家对外行为的目标是财富和权力，二者之间是相互促进的关系。[②] 美国在该地区的外交政策，也是围绕权力与财富两个目的而进行的。美国在该地区的权力目标是实现地区的战略存在，打击恐怖主义，遏制中俄；财富目标是在该地区内建立自由市场，并寻求盟友实现战略成本分担以减少支出。[③] 美国在该地区建立联盟，从两个方面均有助于获得经济收益。

---

① ［德］赫尔戈·哈弗滕多恩、［美］罗伯特·基欧汉、西莱斯特·沃兰德主编，尉洪池等译：《不完美的联盟：时空维度的安全制度》，世界知识出版社 2015 年版，第 94—124 页。

② ［美］罗伯特·基欧汉著，苏长和译：《霸权之后——世界政治经济中的合作与纷争》，上海人民出版社 2000 年版，第 21 页。

③ Andrew C. Kuchins，“What is Eurasia to US（the U. S.）”，Journal of Eurasian Studies，July 2018，Vol. 9，No. 2，pp. 125 – 133.

首先，美国在该地区结盟有利于其实现建立自由市场、“（保证中亚）与全球市场相连通，并对国际投资开放”① 的目标，从而为美国发挥高附加值商品生产上的比较优势提供广阔的市场空间。高娃和曼斯菲尔德等人认为，由于盟国间的贸易收入增加可以通过增加军费开支而增强安全，因此联盟国家之间比非联盟国家之间更易产生紧密的经济往来，特别是贸易上的交往。② 该地区作为一个潜在的消费市场，随着近年来地区内国家经济改革政策的推行，消费、资金和技术需求都显著增加，这也引起了大国对地区经济事务的积极参与。2019 年的数据显示，阿塞拜疆前四大进口来源国为英国（17%）、俄罗斯（17%）、土耳其（12%）、中国（6%）；格鲁吉亚前五大进口来源国为土耳其（17%）、中国（11%）、俄罗斯（9%）、阿塞拜疆（6%）、美国（6%）；乌克兰前五大进口国为中国（13%）、俄罗斯（12%）、德国（10%）、波兰（9%）、白俄罗斯（7%）；乌兹别克斯坦前五大进口来源国为中国（23%）、俄罗斯（18%）、韩国（11%）、哈萨克斯坦（9%）、土耳其（6%）。③从这些数据可以看出，在后苏联空间与美国相对关系较好的国家中，美国目前对其的市场占有率与中俄相比还远远不足，若美国能在该

---

① “United States Strategy for Central Asia 2019 – 2025: Advancing Sovereignty and Economic Prosperity (Overview)”, https://www.state.gov/united-states-strategy-for-central-asia-2019-2025-advancing-sovereignty-and-economic-prosperity/.（上网时间：2021 年 6 月 8 日）

② Joanne Gowa and Edward Mansfield, “Alliance, Imperfect Markets, and Major Power Trade”, International Organization, Vol. 58, No. 4, 2004, pp. 775 – 805; James D. Morrow, “When Do ‘Relative Gain’ Impede Trade”, Journal of Conflict Resolution, Vol. 41, No. 1, 1997, pp. 12 – 37.

③ The World Factbook, https://www.cia.gov/the-world-factbook/countries/.（上网时间：2022 年 2 月 18 日）

地区建立联盟，美国将有机会通过提供改革发展援助、以安全保障作为交换等手段获得更多的市场份额，获取更多的经济收益。

其次，美国在该地区结盟的另一项经济收益可能来自于盟友所具有的在美国实现地区战略目标过程中的成本分担功能。2012 年随着“亚太再平衡”战略的提出，奥巴马政府的外交战略重心开始转移到亚太地区，导致原本分配在欧亚地区的战略资源和精力被大幅削弱。然而导致战略重心转移的原因并不是地区问题得到了妥善解决、美国在该地区的利益得到了充分保障，这意味着美国还需要投入更多的资源成本。正是基于这样的背景，美国先后实施了“新丝绸之路”计划和“大中亚”计划，其目的就是要整合地区内国家的资源，借助地区内国家的力量来实现成本分担，进而用较少的资源来实现美国在这一地区的利益。[①] 然而经过多年的实践，美国这一区域整合的计划并没有吸引到区域内国家的积极有效参与。[②] 由于竞争性合作机制的存在，地区内国家的行动自由度较大，因而在缺乏有效约束的情况下，地区内国家在对美合作上的政策忠诚度、运用本国资源来替美国分担成本的程度都会受到相应影响。要解决这一问题，建立联盟是一项有效的选择，因为联盟作为一种有约束力的“合同”，可以成为美国约束盟友行为的工具，并要求盟友分担更多的成本，从而实现自身用较少资源获得更多利益的目标。

① 潘光：《美国“新丝绸之路”计划的缘起、演变和发展前景——对话“新丝绸之路”构想的提出人斯塔尔教授》，《当代世界》2015 年第 4 期，第 25—27 页。

② 邵育群：《美国“新丝绸之路”计划的实施前景》，《南亚研究》2016 年第 3 期，第 38—52、157 页。

五、结盟的成本－收益评估

（一）结盟成本高昂且无法转移

美国在中亚地区结盟的成本包括直接成本、风险成本和溢出成本三方面。尽管面临着“霸权衰落”的问题，但美国毫无疑问依然是当前世界上的首要强国，拥有着超强的综合国力。因此对于美国来说，在中亚地区结盟的直接成本存在且必要，这样的成本相对于美国的综合国力显然是在可承受范围之内，因此直接成本并非美国在结盟时的首要成本考量。与之相对应的是，作为一个全球性大国，美国更加关注总体战略层面的成本，也就是风险成本和溢出成本。冷战结束后，俄罗斯虽然相对于苏联的国际地位和综合实力都有显著下降，但俄罗斯作为一个全球性大国依然在国际事务中保持着重要影响力，许多地区问题的解决都有赖于俄罗斯的参与和配合。例如反恐战争、核军控、中东问题、朝核问题等，都证明俄罗斯不仅是美国的对手，同时也是不可或缺的合作伙伴。① 这意味着美国若因在中亚地区建立联盟而导致与俄关系的全面恶化，极有可能导致与俄罗斯在全球层面和其他地区问题上与美国的对抗，增加美国在全球范围内的诸多问题上的成本——这将是不可估量的损失。

① Angela E. Stent, “The Limits of Partnership: US – Russian Relations in the Twenty – First Century”, N. J: Princeton University Press, 2013, pp. 144 – 146.

美国在该地区结盟的溢出成本为美俄关系因欧亚地区权力格局变化而导致的美欧跨大西洋联盟关系的弱化。在美国的全球霸权体系中，跨大西洋联盟关系是重要的支柱，是美国主导欧洲局势乃至世界秩序的基础。① 因此美欧联盟关系变化的影响绝不止于联盟本身，还会削弱美国霸权体系的基础，并造就一个更加独立的欧洲。同时，由于联盟间相互依赖的存在，美国若不顾欧洲盟友的切实利益而单方面行动而造成盟友利益受损的行为，也会引发美国所主导的其他联盟内成员对主导国忠诚度的动摇以及加剧自身对陷入“被牵连”困境的认知。而一旦欧洲盟友因此表现出不合作行为，无论美国是否予以惩罚，都会损害美国在联盟体系中的声誉，成为美国无法负担的成本。

综上所述，美国在该地区结盟的直接成本虽然是可控并可承受的，但是战略风险成本以及溢出成本却是巨大的，这种成本可能是美国全球联盟体系的稳定性甚至是美国在国际体系中的地位。基于此，可以认为，美国在该地区结盟的整体成本是高昂的，并且这种成本显然是其新盟友所无法分担的。

（二）收益的边际效率低

在国家对外结盟政策中，结盟本身并不构成国家行为的目标，而只是诸多政策工具的一种。通过结盟行为获得一定的收益才是国

---

① 唐永胜：《美欧俄战略互动的结构嬗变及其重大意义》，《当代美国评论》2019 第 3 期，第 48—60、123—124 页。

家对外行为的目标。值得注意的是，联盟作为一种政策工具有其特殊性，即它是国家间合作的高级形式，对国家行为自主性的限制较大。因此当我们评估联盟是否必要时，需要考虑联盟的预期收益是否只有通过联盟才可以实现。在该地区，美国结盟的预期收益主要在于战略遏制、消除恐怖主义威胁以及建立自由市场。从当前的实践来看，这三大利益中除了地区战略遏制，其他两项利益都可以通过其他非结盟的方式在不同程度上得以实现，因此整体而言，美国在中亚地区结盟的边际收益率较低。

首先，对于地区战略遏制这一项的收益，由于对地区内合作者的忠诚度要求高，并且具有长期性和全面性，因此只能通过对国家行为具有高度约束力的联盟方式才能实现。当前美国虽然在中亚地区没有盟友，但是有不少合作伙伴，2013 年当北约东扩时，欧盟最主要的目标乌克兰在峰会前一周宣布暂停签署联系国协定的准备工作，而宣布加强与俄罗斯的经济合作关系。乌克兰的举动毫无疑问背后有着俄罗斯的重要作用，但是窥斑见豹，由此也可以看出合作伙伴与盟友在政策忠诚度上的差异。联盟可能给美国带来的战略遏制上的收益是其他合作关系无可替代的。其次，安全收益方面，打击恐怖主义是世界范围内所有国家的共同安全需求，任何真实的反恐行为都能够获得其他国家的支持。一如 2001 年“9·11”事件发生后，俄罗斯作为美国的战略对手第一个表示支持美国反恐并为其开放天空。这表明，打击恐怖主义作为一项安全收益并非只能通过结盟而实现，相反结盟可能导致其他在反恐问题上具有共同利益的合作伙伴的猜疑，反而不利于合作。因此在安全问题上，美国在欧亚地区结盟的边际收益率很低。最后，在经济领域，尽管有理论认为联盟会在一定程度上促进成员国间的贸易，但是能在多大程度上促进却没有明确答案。而且诸多实践经验表明，联盟与经贸往来并不存在必然联系，如美国在亚太地区的主要盟友。目前美国虽然没有在中亚地区建立联盟，也没有在中亚地区占据较大份额的市场，但美国与中亚国家之间的经贸合作关系正通过与地区内国家签订双边经贸和援助协定等得到稳步提升。以乌兹别克斯坦为例，2017—2019 年，美国对乌货物出口额从 1. 36 亿美元增长到 5. 06 亿美元，进口额同期从 0. 14 亿美元增长到 0. 34 亿美元。[①] 之所以出现这种巨量增长，很大一部分原因在于 2018 年 5 月美乌之间战略合作伙伴关系协定的签订。[②] 这表明，即使不建立联盟，美国依然可以通过其他方式扩大自身在中亚地区的经济利益。

综上，由于美国在中亚地区结盟的成本较高且无法转移，而联盟的收益却较少，尤其是边际收益率较低，因此美国在该地区结盟的成本大于收益，从而导致了美国在中亚地区的非结盟化政策。

六、非结盟化政策的前景

2021 年 4 月 15 日，美国总统拜登宣布自 5 月 1 日起，美国最后

① “Trade in Goods with Uzbekistan”, https://www.census.gov/foreign-trade/balance/c4644.html.（上网时间：2021 年 10 月 3 日）

② US Embassy in Uzbekistan, “The United States and Uzbekistan: Launching a New Era of Strategic Partnership”, https://uz.usembassy.gov/the-united-states-and-uzbekistan-launching-a-new-era-of-strategic-partnership/.（上网时间：2021 年 10 月 8 日）

一批驻留在阿富汗的军队开始撤离，并于9月11日完成全部撤军。[①] 由于美国撤军的背景不是彻底解决了阿富汗问题，而是试图从阿富汗战争的泥沼里抽身，[②] 因此美国要想在撤军后保持在该地区事务中的影响力，只能通过加强与区域内国家的合作来实现。[③] 这意味着美国对地区内国家的合作需求在未来将进一步提升。那么，美国未来在该地区的政策是否会由现在的不结盟走向结盟？基于成本－收益的分析，本文认为，即使在后撤军时代，在中亚地区结盟实际上依然会有损于美国的利益，且继续通过非结盟化的合作方式，美国能够有效实现自身在该地区的利益，因此美国在该地区将继续维持其非结盟化的政策。

美军撤离阿富汗，会不可避免地加剧地区的不稳定。自2021年4月14日宣布撤军开始，塔利班在阿富汗境内的活跃程度显著增加，在短短半个多月时间内发动了多次袭击。[④] 首先，安全环境的恶化对任何一个在该地区存在利益关切的国家而言都是不可接受的，无论是区域内国家，还是俄罗斯、伊朗、印度等周边大国。因此这些国家将会主动行动或寻求合作，共同弥补美军撤离造成的安全保障力量缺位。其次，由于在阿驻军本就不是美国参与和影响地区事务的

① 《美国总统宣布5月1日从阿富汗撤军》，央视网，2021年4月15日，http://tv.cctv.com/2021/04/15/VIDEzO2RgPmEVG5WaIK3Y2VY210415.shtml。（上网时间：2021年10月1日）

② 张任重：《不负责任的撤军，无法掩盖的失败》，《光明日报》2021年5月5日第3版。

③ 《美国谋划驻军中亚！是否选址乌兹别克斯坦?》，腾讯新闻，2021年4月26日，https://new.qq.com/omn/20210426/20210426A0BITA00.html。（上网时间：2022年1月4日）

④ 李姝睿：《美国撤军易，阿富汗和平难》，《解放军报》2021年5月8日第4版。

唯一途径，因此美国虽然将军队撤离阿富汗，但其与地区内国家之间的其他合作机制和项目如“C5 +1（美国）”、乌美战略合作伙伴关系、中亚—南亚输变电项目、土库曼斯坦—阿富汗—巴基斯坦—印度管道项目等都还在照常运转，有助于美国继续保持在欧亚地区的存在并对地区事务产生影响。因此从收益角度而言，美国即使在后撤军时代不结盟，也能通过其他合作机制以及本地区国家对安全的追求而实现自身的利益。而在成本方面，由于美俄之间矛盾的结构性特征，除非有重大的紧迫的地区安全问题，否则任何情况下美国在欧亚地区的结盟都是俄罗斯难以接受的，因而成本始终是巨大的。因此，在后撤军时代，美国在该地区将继续推行非结盟化的政策，不会走向结盟。

联盟在美国对外战略中具有重要地位，是维护霸权地位、实现全球力量部署的重要政策工具。尽管在该地区存在美国与地区内国家结盟的条件，即共同的威胁和美国对中亚地区的战略需求，但是这些条件仅构成了结盟行为的必要条件，不能构成充分条件。基于理性主义假设，美国在该地区结盟的充分条件是其行为的收益大于成本。而实际情况是，美国在该地区结盟的收益小于成本，因此即使在有结盟条件的情况下，美国也没有像在世界其他地区一样，采取结盟政策。在未来，非结盟化的伙伴关系将仍然是美国参与该地区事务并保持影响的主要途径。

哈萨克斯坦的调停外交
——以乌克兰危机为例

张子琰*

摘　要　“全方位务实平衡”是哈萨克斯坦外交的重要特点，调停外交是其参与全球治理的重要举措。本文着重分析了哈萨克斯坦在乌克兰危机中的调停行为，认为哈萨克斯坦出于维护国家利益和本国国际形象的需要，在乌克兰危机中发挥了辅助性和规划性调停的作用，不仅促进了危机向和平解决方向发展，还为自己国家的发展赢得了新机遇。哈萨克斯坦将如何继续发挥维护和平的作用，巩固调停外交成果，在提议上继续创新，避免卷入大国博弈，是未来值得关注的问题。

关键词　哈萨克斯坦；调停外交；乌克兰危机；纳扎尔巴耶夫

调停，在外交实践中指由第三方推动或直接参与当事国之间的谈判的和平解决国际争端的政治方式。[①] 调停的方法多种多样，调停者起到的作用也不尽相同。调停者可以协助促成争端当事方的直接

---

* 张子琰，中共昆山市委党校教师。

① 钱其琛主编：《世界外交大辞典》，世界知识出版社 2005 年版，第 1995 页。

谈判，而不是贸然介入基本的谈判过程；也可以根据自身对冲突的理解，提出能够照顾双方利益的公平解决方案，帮助谈判者达成协议；抑或是采取惩罚、激励或引诱式的操控措施，迫使冲突方做出相应让步。① 每一次调停行为都是对调停者自身实力和外交技巧的一次重大考验。有效的调停外交能够缓解紧张的对立态势，促进问题的解决，并且帮助调停者获得额外的收益，树立良好的国际形象。反之调停者可能被卷入不必要的麻烦之中。

调停外交这一外交手段既具有普遍性，也具有特殊性。普遍性在于许多冲突单凭当事国难以化解，给调停外交创造了空间。无论国家实力强弱，都可以参与调停，以实现自己的目的。特殊性在于每一个冲突事件的成因和发展过程都错综复杂，每一个国家的外交战略都各不相同，其调停行为受到国内外交大政方针和自身发展实力的制约，目的随着本国政治、经济、安全需求的变化而千差万别。这为调停外交的研究提供了两种思路：以国别、事件为研究对象，探究某一次调停行为中体现出的国别特征或是将多个案例进行比较，得出具有普遍意义的结论。

国内外文献关于调停外交的研究以上文提到的第一种方法为主，具体问题具体分析。韩春阳、徐万胜从战略考量、可行条件和具体路径分析了安倍政府在美伊冲突中的调停外交。他们认为，其成效受到日本自身局限性、美伊矛盾复杂性、调停策略表面性、调停进程不确定性等因素制约，美伊关系难以得到实质性缓和。② 江天尧详细剖析

① 赵可金：《外交学原理》，上海教育出版社 2011 年版，第 188 页。

② 韩春阳、徐万胜：《试析日本安倍政府在美伊间的调停外交》，《和平与发展》2020 年第 2 期，第 88—106、134 页。

了中国在朝核问题中所作出的调停努力，认为中国在朝核问题中发挥了协助型调停和规划型调停的作用，积累了外交经验，提升了自身国际影响力和话语权。短期的和平目标基本实现，长期的调停功效仍需不断努力。[①] 吴瑞和杨春龙认为，美国在第一次世界大战间的调停外交是所谓“和平”“民主”和“公正”掩盖下的居间牟利，虽然在客观上揭露了帝国主义的战争目标，但是实质上是想维持世界均势，为本国统治阶级利益服务。非盟在利比亚国内战争中的调停同样受到学者关注，卡塞加·阿布里（Kasaija Phillip Apuuli）认为，非盟提出的和平谈判框架没有受到联合国的支持，也没有使叛军信服，导致最终调停方案声明狼藉。[②] 代泽华在分析尼赫鲁时期的印度联合国外交中提到了印度在联合国的调停外交，并通过对印度在朝核问题中的调停行为的分析，将尼赫鲁政府的调停外交作为当时印度以外交技巧弥补经济、军事实力薄弱的重要佐证，认为此举为印度赢得了国际影响力。总的来说，对调停外交的研究仍然集中在对其“特殊性”上，从中体现出不同国家的实力、发展需求、发展策略和发展成效等。可惜的是缺乏在其他维度的横向比较和共性的总结，有待日后继续补充。

哈萨克斯坦的外交非常有特点，其中调停外交已经引起关注。邱昌晴指出，在国际和地区热点问题上扮演“沟通者”和“调停者”的角色，为地区热点问题的和平解决积极发出倡议并提供平台，

---

① 江天尧：《中国的调停外交评析——以朝核问题为视角》，上海师范大学2012年硕士学位论文。

② Kasaija Phillip Apuuli，“The African Union's Mediation Mandate and the Libyan Conflict (2011)”，African Security，Vol. 10，Issue 3－4，2017，pp. 192－204.

是哈萨克斯坦参与全球治理的重要举措及表现。① 阿尔曼·门达加泽耶夫（Мендагазиев Арман Еркинович）将调停与哈萨克斯坦提倡无核化等维护和平的行为归为一类，认为哈萨克斯坦是一个年轻且雄心勃勃的国家，有着多元民族、地理位置的优势，可以充当解决冲突的调停者，发挥维护中亚地区、后苏联空间的和平与稳定的作用。② 除此之外，对于哈萨克斯坦调停外交行为的研究还有待进一步挖掘。其他学者对哈萨克斯坦的外交研究基本集中在政策、特点、成因的分析上。江雪梦总结“全方位、有重点、突出经济利益和安全利益、多元平衡”是哈萨克斯坦外交的重要特点。③ 李亚认为，哈萨克斯坦“多元平衡”的外交成功有其特殊性，一是强大政府的支持，二是特殊的地理位置、丰富的油气资源和灵活的外交战略的有机结合。④ 哈萨克斯坦的多元平衡外交极具特色已是共识。在多极化不断发展，危机和冲突潜滋暗长的当今社会，哈萨克斯坦能否继承其一贯的外交风格，对地区乃至世界格局产生影响，具有重要意义。

乌克兰危机是哈萨克斯坦独立以来首次参与中亚地区以外的危机调停。该危机涉及主体众多，情节错综复杂，是哈萨克斯坦调停外交中一次承前启后的重要尝试。由于不是危机主角，“调停者”的作用没有得到很多重视。近年来，哈萨克斯坦外交部加大了这方面的宣传力度，出版了一些以谈判亲历者为第一视角的书籍，并多次

---

① 邱昌情：《哈萨克斯坦参与全球治理的举措、动力及前景》，《俄罗斯东欧中亚研究》2020 年第 1 期，第 117—134、158 页。

② Мендагазиев Арман Еркинович, “Казахстан: становление мирового миротворца”, Русская политология, No. 3 (8), 2018, pp. 77 – 84.

③ 江雪梦：《哈萨克斯坦发展战略研究》，新疆师范大学 2016 年硕士学位论文。

④ 李亚：《哈萨克斯坦多元平衡外交研究》，外交学院 2019 年硕士学位论文。

使用“维护和平者”（миротворец）一词来描述哈萨克斯坦在各种事件中的角色。努尔兰·欧江诺夫（Нурлан Онжанов）跟随哈萨克斯坦外交代表团亲历了乌克兰危机的谈判过程，他撰写的《维护和平者：外交官笔记》为本文的研究提供了第一视角的详细资料。基于对已有文献的总结，本文采取以下研究框架：首先，对哈萨克斯坦调停外交的动机特点和发展历程做一个总体介绍。其次，通过对乌克兰危机中哈萨克斯坦外交的实例分析，探究哈萨克斯坦此次参与调停外交的特点和动机，评析对此次行动的成效与对未来的影响。

一、哈萨克斯坦参与调停外交的动机与历史沿革

自独立以来，维护和平就是哈萨克斯坦外交的首要目标之一。在此基础上，纳扎尔巴耶夫一直积极倡导国与国之间的沟通，建立互信与合作。独立初期，纳扎尔巴耶夫力排众议，坚持放弃苏联遗留的核武器。他清醒地认识到当时国家最重要的任务是扭转旧有的偏见，与世界大国建立互信与对话机制，吸引潜在的投资者，核武器威慑的存在只会加大其他国家对哈萨克斯坦的忌惮。[①] 此举释放的积极信号帮助哈萨克斯坦打开了通往世界的大门。迄今，哈萨克斯坦成为了集安组织、伊斯兰合作组织、上合组织、欧安组织的正式

① 梁强：《乌克兰危机一年：回顾、反思与展望》，《俄罗斯研究》2015 年第 1 期，第 28—59 页。

成员。在联合国的框架和准则下，哈萨克斯坦派遣维和部队参与了伊拉克、西撒哈拉、科特迪瓦等地的维和行动，协助销毁爆炸物，培训当地军官，提供医疗援助，得到联合国的高度评价。[①] 除了积极融入现有的国际和平准则和机制，哈萨克斯坦也为全球安全治理贡献了自己的独特智慧。例如，纳扎尔巴耶夫将本国首都打造成为跨文化和宗教的对话中心，在此牵头举办世界和传统宗教领袖大会，推动宗教成为文明对话中的连接元素，意在“以高度责任感和精神道德水准促进全人类的和平与繁荣”。[②] 该会议迄今已成功举办六届，是世界上独一无二的宗教促进和平的对话机制。《2020—2030 年哈萨克斯坦外交政策纲要》为维护国际和平与安全列出了以下优先事项：首先，依照《联合国宪章》的目标和原则，协助恢复和加强国与国之间的信任，在平等与相互理解的基础上促进多边合作；其次，采用综合方法解决国际冲突和国内争端，并且强调预防性和调解外交的可能性。[③] 总体来说，哈萨克斯坦的和平政策具有连续性，努力加强国家在世界上的地位，积极参加国际安全治理，提出了旨在加强国家内部和国际空间和平、对话、稳定的一系列体制性和建设性国际倡议。

---

① История миротворческой деятельности Казахстана. [Электронныйресурс]. – URL: http://today.kz/news/kazahstan/2018-10-30/771454-istoriya-mirotvorcheskoj-deyatelnosti-kazahstana/ (дата обращения: 16.05.2020)

② Участие Казахстана в международных организациях по обеспечению стабильности и безопасности в современноммире. [Электронный ресурс]. – URL: http://religiya.kostanay.gov.kz/stati-i-publikatsii/uchastie-kazakhstana-v-mezhdunarodnykh-organizatsiyakh-po-obespecheniyu-stabilnosti-i-bezopasnosti-v/ (дата обращения: 16.05.2020)

③ Концепция внешней политики Республики Казахстан на 2020-2030 годы. [Электронный ресурс]. – URL: https://www.gov.kz/memleket/entities/mfa/documents/details/21417?lang=ru (дата обращения: 16.05.2020)

“调停外交”是哈萨克斯坦对自己倡导的和平理念的具体实践，与哈萨克斯坦的本国国情息息相关。首先，哈萨克斯坦的多重身份促使其在复杂的地缘、文化、政治环境中寻求生存发展之道，也赋予了其参与一些调停的“合法性”和“使命感”。中亚国家、苏联解体后的新兴国家、伊斯兰文化、突厥文化、大国在中亚的伙伴……哈萨克斯坦的每一个身份所处的环境都复杂多变，暗流涌动。“调停外交”能够有效地消减这些冲突对哈萨克斯坦的不利影响，并且将它们转化为哈萨克斯坦对其无可取代的重要地缘政治战略价值、地缘经济价值的宣传。安全层面上，中亚地区民族宗教成分复杂，恐怖主义、极端主义、毒品贩卖、非法移民等问题构成了诸多威胁。而一些中亚国家仅凭一己之力难以摆平，大国力量的竞争和介入又不能充分满足小国的诉求，反而使中亚地区出现分裂趋势。经济层面上，深居内陆的地理位置一定程度上限制了哈萨克斯坦的贸易交流。哈萨克斯坦需要保持贸易交流道路的畅通，开拓市场，寻找更多的贸易伙伴和投资商。“调停外交”虽然不会直接带来经济的收益，但是能为经济发展营造适合的周边环境，让更多国家看到哈萨克斯坦的实力和发展潜力。政治层面上，“调停外交”所应具有的公正性使其成为一种极为有效的平衡手段。调停不是选边站队，而是通过与当事国的接触，协助解决问题。成功的调停能够以较低的成本增进与当事国的友谊，在国际上树立良好的形象，并且能够提振国内公民对政府能力的信心。最后，总统纳扎尔巴耶夫的高超外交技巧能够促成调停外交的成功实施。他与多国的领导人都保持密切的关系，是一位颇具国际影响力的国家元首。

基于这样的外交理念，哈萨克斯坦在许多事件中主动出击，协助恢复和平，积累了许多外交调停的经验，不断提升自己的国家形象。1991—1992 年，阿塞拜疆与亚美尼亚爆发冲突，纳扎尔巴耶夫第一个响应俄罗斯总统叶利钦的号召，亲自前往冲突中心——纳戈尔诺－卡拉巴赫（纳卡）地区调停。随后，各方代表在阿拉木图举行小型会谈，“为两个兄弟国家停止对抗迈出了第一步”。[①] 阿富汗战争中，哈萨克斯坦不仅向阿富汗提供物资、教育资源等人道主义帮助，还极力倡导上合组织框架内的合作和与美国的沟通。[②] 2015 年 11 月 24 日，土耳其 F－16 击落一架俄罗斯苏－24 战机，俄土矛盾激化。纳扎尔巴耶夫积极联系俄土总统，并帮助土耳其总统埃尔多安撰写了道歉文稿。最终俄土元首在上海合作组织元首理事会上会见，随后相互取消经济制裁。[③] 叙利亚战争中，阿斯塔纳和谈机制发挥了重要作用，促成各方停火协议的达成。[④] 从唇齿相依，拥有相似历史记忆、宗教文化的中亚国家到在政治、经济等层面有所倚重的大国，在这些国家陷入纷争时，哈萨克斯坦都身体力行，坚决反对武装冲突，努力寻求和平解决之道。

在和平愿景、国家利益、自身实力和前期的成功经验的推动下，哈萨克斯坦已然形成了用调停为自己赢得发展空间，用发展推动在国际舞台上走得更远的良性作用机制。乌克兰危机时，哈萨克斯坦已经成为各国领导人主动联系的对象，这使哈萨克斯坦

① Онжанов Н. Миротворец. “Записки дипломата”, －Астана：Фолиант，2015. С. 11.

② Мендагазиев Арман Еркинович，“Казахстан：становление мирового миротворца”，Русская политология，No. 3，2018，pp. 77－84.

③ Мендагазиев Арман Еркинович，“Казахстан：становление мирового миротворца”，Русская политология，No. 3，2018，pp. 77－84.

④ 《分析人士谈阿斯塔纳和谈与日内瓦和谈的区别》，哈萨克国际通讯社，2018 年 1 月 30 日，https：//www. inform. kz/cn/article_a3138249。（上网日期：2020 年 5 月 18 日）

外交团队大为振奋。国际社会对哈萨克斯坦的调停行动给予了很多正面评价。美国前总统特朗普表示："哈萨克斯坦在促进中东和平谈判、主持关于叙利亚内战的阿斯塔纳和平谈判方面发挥着越来越重要的作用。从阿富汗到叙利亚再到联合国，美国可以并且应该依靠哈萨克斯坦实现自己的地区利益，并且在未来继续开展在安全领域的合作。"① 俄罗斯外交部部长拉夫罗夫曾评价哈萨克斯坦："从获得独立的那一刻起，就已成为提出旨在改善全球状况的主要国家之一。"② 这些评价侧面反映了哈萨克斯坦在国际舞台上的行为得到了诸多肯定，为哈萨克斯坦日后进一步的外交动作奠定了基础。

二、乌克兰危机中的"调停者"：参与目的、过程与特点

（一）哈萨克斯坦参与调停的主要目的

乌克兰危机历经政权变更、领土丢失、内战和停火重建四个阶段。转型进程中的现代国家治理和不确定秩序下的大国权势争斗是

---

① Интервью Министра иностранных дел России С. В. Лаврова информационному агентству《Хабар》(для авторского проекта М. Бекбаевой《Эпоха возрождения》), Москва, 9 декабря 2018 года. [Электронный ресурс]. – URL: http://www. mid. ru/ru/maps/kz/ –/asset_publisher/44tjMzWwjAFr/content/id/3438074 (дата обращения: 20. 05. 2020)

② "Central Asian—global security to the forefront", Washington Times, https://www.washingtontimes. com/news/2017/oct/18/central – asian – global – security – forefront/. (上网时间：2020 年 5 月 21 日)

危机的根源性问题，具有持久性和普遍性。[①] 此次危机主要涉及乌克兰、俄罗斯和欧盟，在此次事件中有不同的立场和利益需求。乌克兰国内“向东”“向西”阵营针锋相对，急需选择国家发展道路，阻止国家内部分裂。波罗申科上台后，扭转了前总统亚努科维奇向俄罗斯靠拢的倾向，转而加速向西方寻求庇护、谋求出路。俄罗斯则不希望看到北约和欧盟东扩对自己传统战略空间的挤压，意欲维持一个对自己温和友好的乌克兰，并为此做好了采取强硬措施的准备。欧盟并非有意参与东西方地缘政治的博弈，在危机中的战略最为灵活可塑。欧盟对乌克兰加入一事的态度一直很模糊，内部也有很多反对对俄实施严厉制裁的声音。特别是德国、法国、意大利，一直都在积极调解危机并酝酿在乌东局势缓和后逐步解除制裁。[②]

哈萨克斯坦对此次危机有以下几点基本认识：第一，这不仅仅是乌克兰东南部的一次冲突，更是一次政治、经济、贸易、能源、文化、民族间交流的全面封锁；第二，这是对世界秩序和安全体系的严峻挑战，既影响国际法的基本原则，又对有关国家，尤其是全世界经济的发展产生重大影响；第三，这是全球瞩目的焦点事件，任何化解危机的行为都能够吸引国际组织、媒体、专业人士和投资者的目光；第四，任何成果的达成都需要多方的智慧，各方的妥协。[③] 值得注意的是，在对外宣传中，哈萨克斯坦极力展现国家的担当，塑造出一种无私且充满责任感的形象，涉及自己国家利益的相

---

① 梁强：《乌克兰危机一年：回顾、反思与展望》，《俄罗斯研究》2015 年第 1 期，第 28—59 页。

② 梁强：《乌克兰危机一年：回顾、反思与展望》，《俄罗斯研究》2015 年第 1 期，第 28—59 页。

③ Онжанов Н. Миротворец，“Записки дипломата”，Астана：Фолиант，2015. С. 4

关内容则轻描淡写。欧江诺夫在书中还特地提到了一个事例:"为了应对各种风险,政府机构准备了有关制裁对哈萨克斯坦的消极影响的详细报告。但是总统将其退回修改……我们最终发现,俄罗斯与乌克兰和欧盟的经济紧密相连,但是哈萨克斯坦不是这样的。与哈萨克斯坦经济的总体发展趋势相比,这种影响微不足道。这再一次强调了总统的战略思维——永远把全球长期使命置于短浅而狭隘的个体利益之上。"① 这样的宣传话术体现出了其提升自己国际地位的迫切愿望。

事实上,乌克兰与哈萨克斯坦同为独联体成员,是哈萨克斯坦重要的粮食供应国,俄罗斯是哈萨克斯坦政治与贸易方面都有所倚重的大国,欧盟是哈萨克斯坦期待深化合作关系的伙伴,哈萨克斯坦的国家利益,尤其是经济利益必将受到波及,使得哈萨克斯坦必须谨慎处理与他们的关系。庄巨忠认为,欧美对俄实施的经济制裁会减少俄罗斯对出口的需求,从而影响与其他国家的贸易。同时,在俄罗斯工作的中亚公民的收入会降低。② 杜尔迭耶娃(А. А. Дурдыева)指出,乌克兰危机带来的欧亚一体化困境在于,各国之间始终存在在一体化设想上的分歧。哈萨克斯坦更强调经济一体化而不是军事政治一体化,制裁和禁运对此显然有不利影响,现有的欧亚经济联盟与欧盟相比吸引力更显不足。能否开发有效机制来平衡、团结欧亚宏观区域,为经济发展注入活力,成为对哈萨克斯坦治理能力的一次重

---

① Онжанов Н. Миротворец, "Записки дипломата", Астана: Фолиант, 2015. С. 11, С. 62.

② Украинский кризис может негативно сказаться на некоторых странах Центральной Азии – АБР Sputnik Казахстан – обновления новостей онлайн 24 часа. [Электронный ресурс]. – URL: https://ru.sputniknews.kz/ (дата обращения: 25.05.2020)

大考验。[1] 周明同样认为乌克兰危机为哈萨克斯坦经济发展带来困难。他还认为，哈萨克斯坦同时面临概率较小但是必须谨慎防范的政治和安全风险，包括其北部俄罗斯族人口众多的地区可能会效仿克里米亚分离，参与过乌克兰危机的公民带回的武装斗争经验和激进思想可能会在国内掀起政治热潮等。[2]

如果说和平解决乌克兰问题，防止危机对地区和世界秩序造成更大的影响是调停的直接目的，那么维护自身经济发展，扩大国际影响力才是哈萨克斯坦参与调停的根本目的。在此背景下，调停外交成为既能缓和局势，又能增强国家影响力的良策。因此，利用哈萨克斯坦长期以来与各国建立的良好关系，哈萨克斯坦展开了持久的调停行动。

（二）参与过程与主要方式

哈萨克斯坦参与危机调停主要分为第一次明斯克会谈（2014 年 3—8 月）和第二次明斯克会谈（2014 年 9 月—2015 年 2 月）两个阶段。其中，纳扎尔巴耶夫与白俄罗斯、乌克兰、俄罗斯和欧盟代表一起，直接参与了第一次会谈。第二次会谈的与会方则是乌克兰、俄罗斯、法国和德国，哈萨克斯坦主要参与会谈的组织与筹备。第一次会谈前，乌克兰国内局势动荡，俄罗斯在克里米亚和乌东问题

---

① Дурдыева Антонина Александровна, "Дилемма интеграций на Евразийском пространстве в контексте украинских событий", Вестник МГИМО Университета, No. 3, 2015, pp. 134 - 140.

② 周明：《乌克兰危机对哈萨克斯坦的影响评估》，《国际论坛》2015 第 17 - 2 期，第 64—69、81 页。

上的强硬做法引发西方国家的反对和制裁。在此阶段签订的相关协议都没能得到很好的执行。2014 年 8 月以后，乌克兰东南部依旧冲突不断，西方国家与俄罗斯的相互制裁愈演愈烈，美国表示有意向乌克兰提供杀伤性武器，气氛更为剑拔弩张。第二次明斯克会谈签署了有关停火、撤除重型武器、帮扶乌克兰东部社会发展等的协议。具体条约的落实过程仍然艰难，但是最终成功终止了全面武装冲突。随后，叙利亚成为美俄角力的新战场，乌克兰危机逐渐淡出全球视野，哈萨克斯坦也继续奔赴下一个谈判桌，在乌克兰危机的调停暂告一段落。

在第一次明斯克会谈前，纳扎尔巴耶夫为自己制定了调停的主要任务与目标：第一，解决乌克兰东南部受灾民众的生活问题；第二，促进信息沟通，特别是普京和波罗申科的会晤；第三，避免武装冲突；第四，将欧盟、独联体、欧亚经济联盟在经贸、能源等方面的合作重新提上日程；第五，逐步取消制裁措施。哈方的基本立场是保持中立，找到契合点，停止冲突，开启关系恢复进程。① 基于这样的目标和立场，哈萨克斯坦主要发挥了协助性调停和规划性调停的作用。

协助性调停，即创建沟通的渠道，传递信息和立场，创建促成直接谈判的平台的调停行为。② 表 5－1 中梳理了 2013 年 11 月至 2015 年 2 月乌克兰危机中哈萨克斯坦的调停行为。自危机爆发以来，美国、德国、英国、意大利、芬兰等国家的领导人都曾主动联系纳

---

① Онжанов Н. Миротворец. Записки дипломата. －Астана：Фолиант，2015. С. 63－71.

② 江天尧：《中国的调停外交评析——以朝核问题为视角》，上海师范大学 2012 年硕士学位论文。

扎尔巴耶夫，就局势交换看法，希望纳扎尔巴耶夫能够发挥沟通作用。纳扎尔巴耶夫也积极响应这些号召，并表示愿意提供首都阿斯塔纳作为和谈地点。2014 年 8 月 7 日，在俄罗斯、白俄罗斯和哈萨克斯坦三国关税同盟的会议上，纳扎尔巴耶夫率先提出需要与乌克兰总统进行高层对话，并且提议以经济作为召集各位领导人的切口，邀请乌克兰总统一同参与。第一次明斯克会谈后，面对仍然不明朗的局势，纳扎尔巴耶夫没有放弃调停的努力，成为了第二轮“诺曼底四方会谈”① 发起人和组织者。为了会谈能够顺利开展，纳扎尔巴耶夫将重心放在了收集和分析各方立场上，将“天然气供给”“乌克兰东南部自治体制改革”“乌克兰与北约”等关切悉数传达给当事国家。2014 年 12 月 5—6 日，法国总统奥朗德访问哈萨克斯坦，结束访问后由纳扎尔巴耶夫牵线，于 12 月 6 日与俄罗斯总统普京在莫斯科伏努科沃机场会面。该会面最终重启了“诺曼底四方会谈”。此次会谈本计划在哈萨克斯坦首都举行，但是在 2015 年 1 月，乌克兰危机冲突一度升级，最终为了方便乌克兰国内代表参与，会议改为在明斯克举行。两次会谈的沟通和筹备中，哈萨克斯坦都清楚地认识到俄罗斯、乌克兰两国元首会面的必要性，也抓住了欧盟在谈判中的重要辅助作用，通过多次电话、互访形式的沟通，最终推动了会谈的顺利举行。

除了架起沟通的桥梁，哈萨克斯坦还在和谈中找出解决问题的关键点，就局势发展提出意见和建议，提供解决方案，发挥规划性调停的作用。在第一次明斯克会议上的发言中，哈萨克斯坦聚焦乌

① 2014 年 6 月，在诺曼底登陆 70 周年的纪念活动期间，俄、德、法、乌领导人就乌克兰局势进行了一系列磋商，该形式的峰会也被称作“诺曼底四方会谈”。

克兰危机对各方经济的不利影响，为此准备了详细的报告。纳扎尔巴耶夫希望大家摒弃“贸易战思维”，提议乌克兰加入欧盟与巩固在独联体经济一体化中的地位两套路线同步推进，形成欧盟—乌克兰—俄罗斯联动模式，并希望建立有效的欧亚一体化机制。2014 年 10 月 16—17 日，在米兰举行的亚欧会议上，纳扎尔巴耶夫再一次呼吁“克服危机的最有效办法是发掘欧亚地区的一体化潜力，进行国际合作的范式转变，采取实际行动消除贸易保护壁垒，开放市场，增加相互贸易总额”。具体实施方案方面，纳扎尔巴耶夫提出一定要充分利用现代技术，促进能源供应线路多样化，建立快捷、高效、安全的运输基础设施。顺应全球金融体系的变革，建立有效的国际资本流动模型。在日后的外交场合，哈萨克斯坦都就经济合作和欧亚一体化问题与各国领导人进行了许多交流，努力将倡议付诸实践。这些提议在第二次明斯克会议后发表的联合宣言中也有所体现：“几位领导人达成共识，认为加强欧盟、乌克兰和俄罗斯之间的合作将有助于解决这场危机。为此，他们支持欧盟、乌克兰和俄罗斯继续就能源问题进行三边谈判，逐步发展‘冬季天然气一揽子计划’。”“各位领导人还期待乌克兰和欧盟之间全面而深入的自由贸易区协定的具体制定和执行，并就俄罗斯关心的相关问题制定切实可行的解决方案。在充分尊重国际法和欧安组织原则的基础上，建立从大西洋到太平洋的共同人文、经济空间。”①

---

① Декларация Президента Российской Федерации，Президента Украины，Президента Французской Республики и Канцлера Федеративной Республики Германия в поддержку Комплекса мер по выполнению Минских соглашений，принятого 12 февраля 2015 года · Президент России. ［Электронный ресурс］. – URL：http：//www. kremlin. ru/supplement/ 4803（дата обращения：25. 05. 2020）.

为了推动解决危机，哈萨克斯坦还号召国际社会关注乌克兰的人道主义危机，并且身体力行，提供了许多相关援助。通过世界红十字会，哈萨克斯坦共向乌克兰捐款三万美元、七千万吨粮食。[1] 同时，向切尔诺贝利核电站遗址捐赠一百万欧元，用于掩体的维护。哈方特别指出，选用世界红十字会为捐赠渠道是为了表达自己中立立场和和平意愿。并且强调援助是“覆盖全乌克兰的”，言语之间表明对乌克兰保持统一的期盼。切尔诺贝利核电站也是哈萨克斯坦独家考虑到的问题，与其一贯的无核化立场相符，显示出其细致地考虑与独特的视角。

表 5－1　哈萨克斯坦参与乌克兰危机调停的主要过程

日期	哈萨克斯坦的参与
2014. 3. 10—3. 14	美国、德国、英国领导人致电纳扎尔巴耶夫，探讨解决危机之道，并且希望纳扎尔巴耶夫能与普京谈一谈
2014. 7. 29	当日，欧盟宣布追随美国，对俄实施制裁。
2014. 8. 7	俄、白、哈进行电话会谈。纳扎尔巴耶夫提出以乌克兰 6 月希望加入欧盟的提议为切入，先开展经济方面的对话，由此推进其他问题的解决
2014. 8. 11	纳扎尔巴耶夫与卢卡申科通话，了解到波罗申科愿意对话，但是必须要有欧洲国家的领导人参与
2014. 8. 18	芬兰总统尼尼斯托致电那扎尔巴耶夫，提议将阿斯塔纳作为会见地点
2014. 8. 19	欧洲委员会代表巴罗佐致电纳扎尔巴耶夫，就即将举行的明斯克会谈交换意见

① Онжанов Н. Миротворец，“Записки дипломата”，Астана：Фолиант，2015. С. 66－67.

续表

日期	哈萨克斯坦的参与
2014. 8. 26	第一次明斯克会谈举行；会后，纳扎尔巴耶夫说服普京与波罗申科单独进行了一次会面
2014. 10. 6—10. 7	纳扎尔巴耶夫受邀参加于米兰举行的亚欧会议。“诺曼底四方会谈”被重新提上日程
2014. 11. 10	德国外交部部长施泰因迈尔访哈。纳扎尔巴耶夫提议关注顿巴斯地区的语言政策和顿涅茨克、卢甘斯克州回归问题，慎重对待乌克兰加入北约一事；力证欧盟—欧亚经济联盟将会是经济性的组织，不是要重构苏联权力空间。德外长保证将在 18 日与俄外长的会面中重点关注这些问题
2014. 11. 20	瑞士联邦主席、欧安会代表布尔克哈尔特访哈，除了探讨如何发挥欧安会在解决危机中的作用，纳扎尔巴耶夫还表示：“应当收集乌、俄、欧三方意见，寻求妥协。”
2014. 12. 5—12. 6	法国总统奥朗德访哈。法总统同意谨慎对待乌克兰近日加入欧盟和北约的提议，并表现出对供气问题的关心。会后，由纳扎尔巴耶夫牵线，奥朗德与普京在莫斯科伏努科沃机场会面
2014. 12. 22	纳扎尔巴耶夫访问乌克兰，以自身国家经验劝说波罗申科平衡“向东”“向西”的发展道路，恢复与俄关系，妥善对待国内族群差异。波罗申科表示愿意解除对顿巴斯地区的经济封锁，愿意就这些问题开展各种对话
2014. 12. 22	纳扎尔巴耶夫赴俄参加集体安全条约和欧亚经济联盟理事会议。普京表示愿意参与“诺曼底四方会面”，随后确定了会谈形式、讨论主题、时间和地点，并由纳扎尔巴耶夫知会所有与会者
2014. 12. 30	《有关乌克兰、俄罗斯、德国和法国领导人在阿斯塔纳举行会谈的可能性》发表并定于 2015 年 1 月 15—16 日在阿斯塔纳举行会谈
2015. 1. 9	纳扎尔巴耶夫在柏林与默克尔进行了一次非正式会面。面对恶化的乌东局势，纳扎尔巴耶夫再次呼吁尊重乌克兰的领土完整和政治独立，落实明斯克协议，确立停火制度，关注能源供应
2015. 2. 11	经过多方协调，第二次会谈最终在明斯克举行

（三）调停手段的主要特点

第一，经济联通与政治互信相辅相成，内外兼顾。此处的联通与互信不仅指乌克兰、俄罗斯和欧盟之间的关系，也指哈萨克斯坦与这些国家和组织的关系。在危机调停中，纳扎尔巴耶夫提出的最具新意的解决方法就是以经济作为撬动障碍的支点，加强欧亚区域间的经济相互依存，以此重建信任关系，打通其他领域的互信与合作。而在沟通的过程中，哈萨克斯坦也为自己创造了许多发展机遇。例如，德国外长访哈时，随行的还有一支商务团队。法国总统访哈时，双方深化了办学合作。维护世界和平、促进本国经济发展一直都是哈萨克斯坦外交的重要目标。在调停外交中，哈萨克斯坦将两者有机结合，力促形成经济联通促进政治互信，政治互信深化经济合作的联动发展模式。

第二，身份灵活，因材施“交”。“外交官”网站对哈萨克斯坦的此次调停行为做出了评价：“人们总是觉得哈萨克斯坦是通往某些个世界的一扇窗，但哈萨克斯坦更像是一面棱镜，向不同角度反射出他们最想看到的一面。”① 面对乌克兰，哈萨克斯坦同为苏联解体后的新兴国家，同样处于欧亚大陆交接地带的地缘政治的大环境中，同样面临国内族群治理和“向东”“向西”的道路选择。因此，在与波罗申科交谈时，纳扎尔巴耶夫分享了很多本国的治理经验，劝说

① “Kazakhstan Deftly Balances Relations with Ukraine and Russia”, The Diplomat, https://thediplomat.com/2015/10/kazakhstan-deftly-balances-relations-with-ukraine-and-russia/.（上网日期：2020 年 6 月 2 日）

波罗申科与俄罗斯和欧盟都保持一定的关系，妥善处理国内族群的差异。面对俄罗斯，哈萨克斯坦是独联体机制内的重要盟友。2014 年 5 月 29 日，在独联体内部出现分裂，外部受到制裁的艰难背景下，哈萨克斯坦仍和白俄罗斯一起，与俄罗斯签署《欧亚经济联盟条约》，深化经济合作。此举是对俄罗斯的最好声援。面对欧盟，哈萨克斯坦是具有良好合作意愿的伙伴。每一次与欧盟国家领导人的接触，双方都就深化经济、人文、安全等方面的合作取得一定进展。哈萨克斯坦的这三个身份并行不悖，容易被接受，也避免选边站队。通过迎合对方与自己的利益需求，哈萨克斯坦充分利用这些需求汇聚成吸引他们一起走向谈判桌的力量。乌克兰想加入欧盟，纳扎尔巴耶夫就邀请欧盟与会；俄罗斯忌惮乌克兰与其背道而驰，纳扎尔巴耶夫就劝说乌克兰不要一味偏向一方；欧盟关心能源问题，哈萨克斯坦就顺势强调俄罗斯在这方面的重要性和合作意愿。同时，哈萨克斯坦也在无形中深化了各方的关系，赢得了更为广阔的发展前景。

第三，立足全球治理，多边平衡，中立谨慎。纳扎尔巴耶夫曾向媒体表示“我不做任何一方的辩护律师”。在调停过程中，哈萨克斯坦从未采取操控性调停的方法，从未通过威逼利诱的方式使某一方妥协。现实中，哈萨克斯坦在调停过程中面临的舆论环境并不轻松，总是面临各种揣测，甚至被描述成一个“掮客”。例如，哈方在克里米亚入俄一事的默许态度曾被视为“对俄罗斯吞并行为的支持”，引起过乌克兰的不满。因此，在每一次发表可能带有倾向性的言论时，哈萨克斯坦外交代表都会加上“中立”的说明。就连实施人道主义援助，都强调国际红十字会捐助渠道的中立性。第二次会谈不得不改变地点和日期时，总统也欣然接受，表示会议在哪里开展不重要，重要的是结果。在危机中，哈萨克斯坦在敏感问题上退避三舍，给当事国家留下足够的讨论空间，并选择了具有普世意义的和平、合作、发展等立场，以求获得更多的支持和认可。

三、调停外交的成效与未来展望

（一）调停成效分析

本文为调停外交成效的评判制定以下标准：就事件本身而言，是否引导并促进了危机的和平解决；就调停行为而言，在调停中是否做到了公平公正，不把自己的意见强加于当事国；就调停国家而言，此次调停行为对本国产生了怎样的影响。

就推动危机以和平方式解决而言，哈萨克斯坦作为一个公正的沟通者、规划者的作用应当得到认可。上文提到了纳扎尔巴耶夫参与调停前为自己制定的五个目标：解决人道主义危机、创造沟通机会、停止武装冲突、重构经济交流、取消双方制裁。这五个目标中的前三个的实施较为成功，德、法、乌、俄领导人的会面成功举行，第二次明斯克会谈后签订的协议在当时基本制止了乌东地区的大规模武装冲突。重构经济交流、建立更多合作机制的可能性也得到了讨论，显示出各国领导人对该提议的认可。哈萨克斯坦既是组织沟通的核心，也为走怎样的和平道路贡献了自己的智慧，起到了良性的引导作用。

第二次明斯克会谈虽然在停火上取得了一定进展，却没有完全消除地区冲突的隐患。撤除重型武器一事始终未能实现，开启恢复其他方面关系的进程更是困难重重。时至今日，西方与俄罗斯仍然针锋相对。俄罗斯与欧盟的贸易总额自 2012 年起连续七年下降，仅在能源贸易方面有所提升。① 建立俄罗斯、乌克兰共同参与的欧亚一体化机制的提议缺乏动力，并未取得任何进展。哈萨克斯坦的经济也难免遭到波及。2013—2016 年，哈萨克斯坦国内生产总值明显减少（速度分别为 -6.7%，-18.9% 和 -25.5%），到 2017 年才开始回升。② 由此看来，哈萨克斯坦提出的欧亚经济一体化提议虽然美好，但在实施过程中受到政治博弈的严重阻碍，大大超过调停国的可控范围。

不过，通过此次调停行动，哈萨克斯坦与欧盟的合作态势稳步上升，成为哈萨克斯坦国家发展的重大利好。2015 年 1 月 20 日，欧盟与哈萨克斯坦在布鲁塞尔签订扩大合作的协定。在欧盟的支持下，哈萨克斯坦于 2015 年 11 月 30 日加入世界贸易组织。12 月 21 日，双方在阿斯塔纳签订《增进伙伴与合作关系协定》，涵盖经济、金融、运输、能源、环境保护、教育、数据保护、移民、法治和反腐

---

① Европейский Союз и Российская Федерация - Европейская служба внешних связей. [Электронный ресурс]. - URL: https://eeas.europa.eu/delegations/russia_ru/35940/%D0%95%D0%B2%D1%80%D0%BE%D0%BF%D0%B5%D0%B9%D1%81%D0%BA%D0%B8%D0%B9%20%D0%A1%D0%BE%D1%8E%D0%B7%20%D0%B8%20%D0%A0%D0%BE%D1%81%D1%81%D0%B8%D0%B9%D1%81%D0%BA%D0%B0%D1%8F%20%D0%A4%D0%B5%D0%B4%D0%B5%D1%80%D0%B0%D1%86%D0%B8%D1%8F（дата обращения: 07.06.2020).

② ВВП Казахстана | Валовой внутренний продукт в РК с 1993 по 2020 год. [Электронный ресурс]. - URL: https://profin.kz/info/vvp-kazahstana/（дата обращения: 10.06.2020).

败等方面。自2015年起，欧盟取代俄罗斯，成为哈萨克斯坦的第一大贸易伙伴，同时也是哈国最大的投资来源和最大的出口市场。① 与欧盟的良好关系不仅为哈萨克斯坦带来经济新的增长点，也使哈萨克斯坦向其一直倡导的“欧亚一体化”迈进了一步。

综上所述，哈萨克斯坦作为调停者的作用可圈可点，调停行动基本平稳了事态，也为自己国家创造了发展机遇。哈萨克斯坦国内因在这样重大的事件中崭露头角大为振奋。在哈萨克斯坦的官方宣传中总是极为自豪地表示：“为何一个离乌克兰这么远的国家会在危机中成为西方领导人争相联系的对象？因为他们信任这个国家。”临危受命、巧妙周旋、不负众望的调停过程和“维护和平者”高大形象的宣传增强了国民对国家的信任。正如古尔苏·肯扎林娜（Gulsum Kenzhalina）所说：“富有建设性的外交行动彰显了哈萨克斯坦的国家实力和独特的处世哲学，帮助国家逐渐摆脱苏联解体留下的阴影，树立独立自主的道路自信。”②

（二）对哈萨克斯坦后续外交策略的影响

乌克兰危机是哈萨克斯坦在大规模、高层次的国际事务中发挥作用的第一次尝试。调停过程中面临的种种考验丰富了哈萨克斯坦

---

① Казахстан и ЕС – Европейская служба внешних связей. ［Электронный ресурс］. – URL：https：//eeas. europa. eu/delegations/kazakhstan/14454/% D0% BA% D0% B0% D0% B7% D0% B0% D1% 85% D1% 81% D1% 82% D0% B0% D0% BD – % D0% B8 – % D0% B5% D1% 81_ru（дата обращения：10. 06. 2020）.

② Kenzhalina，Gulsum，“The Role of Diplomacy in Promoting Kazakhstan's Country Image in the International Arena”，Procedia – Social and Behavioral Sciences，No. 140，2014，pp. 650 – 653.

的外交经验，强化了其在诸多全球治理议程中的发言权和议程设置能力，为今后参与更高水平的全球治理奠定了基础。第二次明斯克和谈后，纳扎尔巴耶夫曾与特朗普探讨过在阿斯塔纳举行第三轮和谈的可能性。随后叙利亚危机爆发，国际社会注意力被转移，有了长期累积的努力，叙利亚危机的调解会议在哈萨克斯坦首都召开最终水到渠成。在各方博弈更为复杂的叙利亚危机调停中，阿斯塔纳和谈机制汇聚了更多目光，极大地提升了哈萨克斯坦的国际形象。

未来，哈萨克斯坦亟须巩固取得的阶段性成就，维护和平的国内发展环境。对此，哈萨克斯坦仍需继续发挥大欧亚伙伴关系进程中的参与者和重要载体的作用，拿出切实可行的方案，为僵持的局势注入活力。哈萨克斯坦提出的欧亚一体化提议是一个值得深耕的议题，用合作抵消政治的对抗的思路也合情合理。近年来，该倡议涵盖的范围仍在扩大：东盟、欧盟、上海合作组和‘一带一路’倡议之间的务实合作将为大欧亚大陆的繁荣提供强大动力，从而奠定世界最大大陆的政治空间基础。① 可惜的是，时至今日哈萨克斯坦对自己的定位似乎还停留在“沟通”层面，仅仅是为多方沟通搭建了一个平台。而且欧亚大陆上的国家主体极多，干扰合作的不确定因素过于繁杂，利益调和的过程必将艰难而漫长。以实际行动推动合作的实质性进展成为哈萨克斯坦延续这一外交提议的重要任务。

除此之外，需要特别注意愈演愈烈的大国博弈对哈萨克斯坦平衡

---

① Новое соглашение о партнерстве и сотрудничестве Казахстана и ЕС всту пило в силу – Международная панорама – ТАСС. ［Электронный ресурс］. – URL：https：//tass. ru/mezhdunarodnaya – panorama/7870965（дата обращения：15. 06. 2020）.

战略的挤压。哈萨克斯坦在乌克兰危机中的调停作用得到了德国、法国、欧安组织的多方肯定，但同时也面临外界对其能否继续精准拿捏平衡外交的巨大质疑。肖恩·罗伯茨（Sean Roberts）表示："如果俄罗斯、美国和欧盟不向哈国施加压力，公开支持其在乌克兰的议程，并赞赏哈萨克斯坦作为中立调停者的建设性贡献，那将是很好的。但是，很难相信面临国际社会日益严重孤立的俄方不会试图在冲突中获得哈国的明确支持。一旦俄罗斯要求统一战线，哈萨克斯坦可能被迫调整其外交政策。"① 罗伯茨的观点与西方主流媒体、学者的极为相似，体现了对俄罗斯与西方阵营分化中对哈萨克斯坦能否全身而退的质疑。因此，哈萨克斯坦与俄罗斯的双边关系将会面临更大的压力，与其他政治力量的交往也不容轻视。地缘政治的复杂与不确定性将不断对哈萨克斯坦的外交技巧提出更高要求。

亨利·基辛格曾说："眼前正在成形的世界秩序，有待来自截然不同的文化背景的政治领袖们加以构建。"② 中亚是东西方文明的连接地带，是各文明接触的边缘地带，这些"在东方和西方的叙事史书中零零碎碎的事和人"③，终于随着时代提供的各种挑战和机遇登上世界舞台。哈萨克斯坦是中亚地区实力突出的一支新兴力量，我们应当看到哈萨克斯坦对世界和平的愿景和为之做出的诸多努力。当今世界，国家之间的互信遭遇严重考验，全球治理出现碎片化趋

---

① "The Ukraine Conflict and the Future of Kazakhstan's Multi – Vector Foreign Policy | PONARS Eurasia", http://www.ponarseurasia.org/memo/ukraine – conflict – and – future – kazakhstans – multi – vector – foreign – policy.（上网日期：2020 年 6 月 15 日）

② ［美］亨利·基辛格著，顾淑馨、林添贵译：《大外交》，海南出版社 2012 年版，第 12 页。

③ 潘治平：《区域史研究的考察——以中亚史为例》，《史学集刊》2011 年第 2 期，第 74—82 页。

势，新的对抗潜滋暗长。哈萨克斯坦是否能够延续其一贯的平衡外交传统，增强本国实力，在解决争端、维护世界和平中发挥更重要的作用，拭目以待。

新冠肺炎疫情影响下2020年塔吉克斯坦评述

赵东旭*

摘　要　塔吉克斯坦作为中国西部主要邻国之一，新冠肺炎疫情对该国各领域造成了不同程度影响。2020年，尽管该国疫情形势在中亚国家中最为乐观，但塔吉克斯坦较为落后的医疗条件，以及民众防控意识的松动，导致部分地区面临反弹风险。受疫情冲击，塔吉克斯坦经济与安全面临诸多挑战，并极有可能成为各类社会问题的潜在爆点。外交方面，聚焦抗疫与安全合作是2020年塔吉克斯坦外交的主线与新动向。塔吉克斯坦继续加强包括与俄罗斯、中国等大国的合作关系，利用外援来减缓疫情造成的负面影响。总体而言，2020年塔吉克斯坦政府应对疫情的举措在一定程度上延缓了经济及安全趋势的恶化，但由于该国自身体量较小，应对措施有限，如果形势继续恶化，该国很可能出现社会动荡。

关键词　塔吉克斯坦；新冠肺炎疫情；总体局势；防疫举措

---

* 赵东旭，新疆大学政治与公共管理学院政治学硕士研究生，新疆大学中亚地缘政治研究中心助理研究员，研究方向为亚欧区域国际关系与安全。

2020 年 4 月底，塔吉克斯坦正式宣布该国存在新冠肺炎疫情确诊病例，此后政府采取有针对性的防疫举措，将疫情控制在一定范围之内。但疫情对该国所造成的影响已扩散到各领域，并进一步加深了该国本就脆弱的经济与安全形势。

一、2020 年塔吉克斯坦新冠肺炎疫情的总体态势

自 2020 年 4 月 30 日塔吉克斯坦正式宣布国内存在新冠肺炎疫情确诊病例以后，该国的确诊病例数在 5 月迎来集中暴发期，此后该国疫情逐渐好转，新增病例以及死亡数开始下降。但随着疫情的放缓，民众的防控意识开始出现松动，导致部分地区面临反弹风险。此外，塔吉克斯坦疫情的稳定形势也遭到来自国内与国际的部分质疑。

（一）确诊与死亡数逐渐平稳

塔吉克斯坦在 2020 年 4 月 30 日正式宣布存在新冠肺炎疫情之后，确诊人数迅速上升，尤其自该年 5 月上旬以后，该国每周新增确诊病例人数在 1000 人以上，但随着一系列疫情防控措施的落实，塔吉克斯坦的新增人数开始逐渐下降。塔吉克斯坦卫生及社会保障部长阿卜杜洛佐达在接受媒体采访时表示，塔吉克斯坦的疫情高峰发生于 5 月 15 日，此后新冠肺炎疫情高峰期已过，康复的人数正在

增加，死亡人数的增长也已放缓。[①] 自该年6月以后，塔吉克斯坦的疫情形势开始出现明显好转迹象。据统计，塔吉克斯坦单日平均确诊人数开始从疫情最高峰5月的127例降到6月的67例。此后，塔吉克斯坦确诊病例数继续走低，并持续维持在日增40例上下。此外，在死亡人数方面，自塔吉克斯坦2020年5月3日公布2例死亡病例后，死亡人数开始逐渐增加，平均每日增加1例。而自6月21日起，塔吉克斯坦经历了连续13天无死亡病例。此后，该国死亡病例逐渐减少并趋于稳定，基本维持在月均8例左右。治愈方面，该国治愈率在不断上升，即从2020年疫情高发期5月的22%上升到9月中旬的86.7%。总体而言，2020年疫情高峰期过后，塔吉克斯坦疫情趋于平稳，无论是新增确诊人数，还是死亡人数都处于较低且稳定的状态之中。

（二）局部地区面临反弹风险

2020年，虽然塔吉克斯坦本土疫情形势逐渐向好，但鉴于周边邻国确诊人数激增，该国仍面临较大的外部输入风险。此外，官方宣传的疫情乐观形势也使部分地区居民放松警惕，开始不遵守防疫的相关规定。为此，该国中央与地方政府数次提醒公民遵守防疫要求。2020年7月，苦盏市副市长菲鲁扎在地区抗疫会议上表示："最近几天，由于不遵守卫生标准和其他防疫措施，苦盏市感染新冠病

① "Ministry of Health Reports of Gradual Reduction in COVID - 19 Cases", National Information Agency of Tajikistan, May 5, 2020, https: //eng. khovar. tj/2020/05/ministry - of - health - reports - of - gradual - reduction - in - covid - 19 - cases/. （上网时间：2020年10月25日）

毒的人数正在增加，这令人震惊。”索格特州地区抗疫总指挥、苦盏市长玛洛夫提请与会工作人员，注意邻国新一波的感染情况。但之后的一系列事实表明，政府的上述呼吁并未取得良好效果。2020 年 8 月，苦盏市发布声明表示，由于民众不遵守相关防疫要求，导致该市的无症状感染者正在增加，并引起部分医护人员的焦虑。① 9 月，塔吉克斯坦全国新增 39 例确诊病例，再次回到了同年 8 月 12 日的水平。另外，该国隔离观察人数也开始出现小幅上涨趋势。与此同时，部分专家认为该国存在一定数量的无症状感染者，若这一事实成立，该国还面临着较为严峻的内部扩散风险。

（三）稳定形势遭质疑

在应对突如其来的新冠肺炎疫情时，塔吉克斯坦作为中亚国家中最贫困、医疗条件较差的国家之一，却取得了比一般国家都要好的成绩不免令人生疑。2020 年 5 月 8 日，塔吉克斯坦社会民主党主席拉赫马蒂洛·佐伊罗夫指出，塔政府隐瞒国内存在的新冠肺炎疫情，他认为疫情在塔吉克斯坦已经传播 3 个月。② 世卫组织驻塔代表彼尔菲莉耶娃也表示，目前说塔吉克斯坦疫情高峰期已过，有待商榷。此外，对目前塔吉克斯坦疫情的稳定形势，俄罗斯和美国得出了截然

---

① “СЭС Худжанда сообщает об участившихся случаях выявления инфицированных коронавирусом”, Avesta Information Agency, August. 25, 2020, http: //avesta. tj/2020/08/25/ses – hudzhanda – soobshhaet – ob – uchastivshihsya – sluchayah – vyyavleniya – infitsirovannyh – koronavirusom/. （上网时间：2020 年 10 月 25 日）

② 《塔吉克斯坦社会民主党主席确诊感染新冠病毒》，央视网，2020 年 5 月 5 日，http: //m. news. cctv. com/2020/05/05/ARTIcIgHTUyFyCxNgzPVmT0M200505. shtml。（上网时间：2020 年 10 月 25 日）

不同的结论。同年9月，俄罗斯病毒学家、圣彼得堡流行病学和微生物研究所副所长巴斯德·亚历山大·塞梅尤诺夫在杜尚别接受采访时表示，塔吉克斯坦新冠病毒的发病率下降并不令人惊讶，因为塔吉克斯坦近期增加了对新冠病毒样本的检测量，尤其在过去的2到3个月里，塔吉克斯坦的测试量增加了近2.5倍。此外，他还认为塔吉克斯坦已度过了真正的疫情高峰期，目前塔吉克斯坦公民具有一定的免疫力，人们虽已感染，但病毒很难感染到已有抗体的人。① 在俄罗斯专家发表看法的次日，美国国务院在网站上却警告美国公民不要前往塔吉克斯坦，因为该国有感染新冠病毒的风险，并且要求公民对该国目前的恐怖主义威胁保持警惕。而在此前的8月，塔吉克斯坦便被美国疾病控制与预防中心列为新冠肺炎疫情的高风险国家之一。②

二、新冠肺炎疫情对塔吉克斯坦国内的冲击

2019年塔吉克斯坦国内生产总值实际增长7.5%，已连续7年经济发展保持7%的增长速度。因此，在2019年年底，塔总统拉赫

① “Таджикистану этой осенью не грозит чрезвычайная эпидемиологическая ситуация, – эксперт”, Avesta Information Agency, September 5, 2020, http: //avesta. tj/2020/09/05/tadzhikistanu – etoj – osenyu – ne – grozit – chrezvychajnaya – epidemiologicheskaya – situatsiya – ekspert/. （上网时间：2020年10月25日）

② “President Emomali Rahmon Signs Executive Order to Mitigate Effects of Covid – 19 On Economy”, National Information Agency of Tajikistan, June 6, 2020, https: //eng. khovar. tj/2020/06/president – emomali – rahmon – signs – executive – order – to – mitigate – effects – of – covid – 19 – on – economy/. （上网时间：2020年10月26日）

蒙曾表示要使“2020 年全年国内生产总值达到 874 亿索莫尼，国内生产总值增速为 7.8%，国家预算为 261 亿索莫尼”。[①] 但是突然到来的疫情，打乱了该国预设的发展计划，并进一步凸显出该国经济的脆弱性，造成财政负担加重、侨汇与外汇储备减少、失业率上升等一系列问题。疫情除了对塔吉克斯坦的经济和社会带来不良影响外，也加剧了该国脆弱的安全形势。恐怖与极端组织并未因新冠肺炎疫情而停止行动，反而开始利用部分国家经济下行、生活贫困等问题大肆渗透。此外，由于该国早先对疫情信息公开的不透明，因疫情造成的社会恐慌并未随着疫情数据的公开而消失。

（一）经济下行风险上升

食品价格上涨。作为中亚五国中最贫困以及工业化较不发达的国家之一，塔吉克斯坦的诸多物资均需用美元从其他国家进口。而自疫情起，塔吉克斯坦索莫尼兑换美元的汇率一路走高，据悉在一些黑市，15 索莫尼才能兑换 1 美元。由此，塔吉克斯坦通货膨胀率大为上升。相关数据显示，塔吉克斯坦的面粉、植物油以及烘焙食品价格上涨明显。以前价值 180 索莫尼的 50 公斤面粉已上涨至 220 索莫尼，植物油从 9—10 索莫尼上涨到 13—15 索莫尼，部分地区的

① “Joint Meeting of the National Assembly and Assembly of Representatives Begins in Dushanbe”, National Information Agency of Tajikistan, December 26, 2019, http://eng.khovar.tj/2019/12/joint-meeting-of-the-national-assembly-and-assembly-of-representatives-begins-in-dushanbe/.（上网时间：2020 年 10 月 26 日）

大蒜从每公斤10索莫尼上涨到70—80索莫尼。[①] 除粮食蔬菜外，塔吉克斯坦的肉类和鱼类价格也在上涨，疫情期间该国每公斤优质牛肉的价格为55—56索莫尼，鱼类为32—40索莫尼，鸡肉为26索莫尼。但据塔农业部称，尽管受疫情影响，2020年该国水果、蔬菜和粮食仍获得了丰收。[②]

侨汇与外汇储备持续减少。作为世界上最为依赖侨汇的国家之一，塔吉克斯坦在外务工人员的汇款约占全国总人口收入的75%以上。其中，从俄罗斯汇入的金额占比高达90%。由于2020年俄罗斯疫情不断恶化，俄众多购物中心、市场、餐厅、咖啡馆的关闭与减少营业，使在俄务工的塔吉克斯坦公民被迫无薪休假或被解雇。这些务工人员不仅面临自身生存困境，其国内的家人所收到的汇款也开始大幅减少。2020年5月，拉赫蒙总统曾在写给国际货币基金组织的信中指出，近一个半月以来，由于受到旅行限制和低油价影响，该国来自俄罗斯的汇款已减少近一半。这种情况可能持续数月，从而导致本国消费急剧减少、失业人数增加以及外汇市场压力的增大。据媒体报道，2020年上半年，从俄罗斯到塔吉克斯坦的汇款额下降了近40%，在俄务工人员汇款额仅为6.81亿美元，比2019年同期

---

① 《疫情当下，塔吉克斯坦经济会面临什么问题》，塔吉克斯坦新观察，2020年5月6日，https：//mp. weixin. qq. com/s/f30pI－hsou7XDIpw7j9lFg。（上网时间：2020年10月26日）

② 《塔早熟农产品上市》，中华人民共和国驻塔吉克斯坦共和国大使馆经济商务处，2020年6月24日，http：//tj. mofcom. gov. cn/article/jmxw/202006/20200602977390. shtml。（上网时间：2020年10月26日）

减少了4.3亿美元。① 此外，由于俄罗斯经济受到疫情影响，卢布大幅贬值，塔吉克斯坦所持外汇储备也大幅缩水。②

失业人数增多。由于在俄失业的塔吉克斯坦人员归国，以及国内失业人数的进一步增加，国内、国外两股失业大军导致塔吉克斯坦就业压力激增。同时，由于该国产业单一，缺乏制造业，劳动力消化吸收能力有限，再加上疫情带来的经济衰退，使该国就业形势雪上加霜。2020年上半年，塔吉克斯坦有超过9400人被迫休假，其中7800人属于无薪休假，还有200多人不能充分就业。统计部门综合考虑潜在失业现象后估计，失业率为劳动力人口的2.5%。③ 而在疫情蔓延的情况下，该国部分企业员工已连续4到5个月未领到工资，只能向亲朋借债度日。④ 2020年10月，杜尚别国际机场的一名员工自杀，死者的亲属在接受媒体采访时表示，死者之所以自杀，是机场已9个月未支付任何薪水，死者无力偿还房租，

---

① "Денежные переводы из России в Таджикистан сократились почти на 40%", Asia - Plus, September 18, 2020, https://asiaplustj.info/ru/news/tajikistan/economic/20200918/denezhnie - perevodi - iz - rossii - v - tadzhikistan - sokratilis - pochti - na - 40. （上网时间：2020年10月30日）

② Эмомали Рахмон: "За полтора месяца денежные переводы из России сократились наполовину" Asia - Plus, May. 8, 2020, https://asiaplustj.info/ru/news/tajikistan/politics/20200508/emomali - rahmon - za - poltora - mesyatsa - denezhnie - perevodi - iz - rossii - sokratilis - napolovinu. （上网时间：2020年10月30日）

③ 《塔近万人被迫休假》，中华人民共和国驻塔吉克斯坦共和国大使馆经济商务处，2020年8月20日，http://tj.mofcom.gov.cn/article/jmxw/202008/20200802994480.shtml。（上网时间：2020年10月30日）

④ 《塔欠薪情况普遍且严重》，中华人民共和国驻塔吉克斯坦共和国大使馆经济商务处，2020年6月12日，http://tj.mofcom.gov.cn/article/jmxw/202006/20200602973320.shtml。（上网时间：2020年10月30日）

生活陷入窘境。[①] 上述事件在该国引起激烈讨论，并加剧了公众对于政府的不信任感。

（二）非传统安全风险增加

首先，疫情之下外国恐怖分子对塔吉克斯坦的渗透概率增加。随着疫情所造成的负面影响逐渐扩大，分散了部分国家打击极端和恐怖主义的行动。据报道，国际恐怖组织“伊斯兰国”的头目们正着力重建其战斗力，[②] 并打算利用新冠病毒进行宣传活动，以招募更多人员。塔吉克斯坦所面临的经济放缓、失业人口增加，客观上为极端组织在该国境内的渗透创造了条件。其次，塔阿边境毒品走私与非法越境有增无减。2020 年 6 月 13 日至 14 日凌晨，一群跨国贩毒者潜入塔边防军第 0307 号哨所，计划将大批毒品运入塔吉克斯坦。在与边防军的激烈冲突中，一个走私者被当场击毙，另有两个毒贩受轻伤，并逃回阿富汗。[③] 同月，塔吉克斯坦内务部在杜尚别市缉获了约 40 公斤鸦片和 2200 多颗摇头丸，据嫌疑人交代，其曾用卡车运毒以逃避检查。26 日，内务部表示曾在 3 个月前打掉一个由

---

① “Сотрудник аэропорта Душанбе совершил самоубийство. Из – за задержки зарплаты”, Asia – Plus, October 26, 2020, https://asiaplustj.info/ru/news/tajikistan/incidents/20201026/sotrudnik – aeroporta – dushanbe – sovershil – samoubiistvo – iz – za – zaderzhki – zarplati.（上网时间：2020 年 10 月 30 日）

② 《英媒：“伊斯兰国”正着力重建其战斗力》，环球网，2020 年 6 月 23 日，https://world.huanqiu.com/article/3ylOQY485zG。（上网时间：2020 年 11 月 1 日）

③ “SCNS Prevents Attempt by Afghan Transnational Smugglers to Illegally Cross Border”, National information agency of Tajikistan, June 14, 2020, https://eng.khovar.tj/2020/06/scns – prevented – an – attempt – of – afghan – transnational – smugglers – to – illegally – cross – border/.（上网时间：2020 年 11 月 1 日）

7 人组成的贩毒团伙，并从其住所搜缴出 70 多公斤各类毒品。29 日，内务部在戈尔诺－巴达赫尚自治州逮捕一批毒品走私者，贩毒者大概率是从防守薄弱的塔阿边境将毒品输送至塔吉克斯坦内。毒品走私以及非法越境的日趋猖獗，导致该国安全风险进一步增加，在经济衰退的背景下还造成该国犯罪率上升，社会动荡。

部分地区犯罪率上升。物价上涨、失业率的增加，一部分失业群体有极大可能铤而走险，造成该国犯罪率的显著上升。2020 年，该国犯罪率较高的地区多集中于首都以及该国南部省份。据塔吉克斯坦国家统计局的数据显示，2019 年前 7 个月塔吉克斯坦共记录 1.25 万起犯罪，而 2020 年同期则为 1.22 万起。疫情期间，抢劫、盗窃的犯罪率却有所增加。其中，哈特隆州犯罪率增加了 10.4%，杜尚别市增加了 3%。[①]

（三）疫情造成社会恐慌

早在塔吉克斯坦官方尚未确认本国存在新冠肺炎疫情之前，该国国内关于新冠病毒的谣言就已开始出现。2020 年 4 月，索格特州一家医院的一位 60 岁老人去世，由于死者症状与新冠病毒类似，因此关于该老人是由新冠病毒致死的谣言在互联网上迅速传播。随后，该国互联网有人表示近期国内肺炎患者数量显著增加，并引用了塔

① “В Таджикистане в условиях пандемии снизилась преступность. Но не в Хатлоне и Душанбе”, Asia – Plus, August 26, 2020, https://asiaplustj.info/ru/news/tajikistan/laworder/20200826/v – tadzhikistane – v – usloviyah – koronavirusa – snizilas – prestupnost – no – ne – v – hatlone – i – dushanbe?.（上网时间：2020 年 11 月 1 日）

卫生与社会保障部声明中关于“2020 年前 3 个月，索格特州有 15 人因肺炎去世”的数据作为佐证。此后，众多网民担忧上述死亡病例可能是由新冠病毒引起。在官方正式确认该国存在新冠肺炎疫情后，谣言并未就此消散，而是从猜测疫情转为对国家抗疫行为的揣测。2020 年，塔吉克斯坦社交平台不断传出“患者需要向医生支付新冠病毒的治疗费用”、“如果患者要得到更好的床位，需要支付额外费用”等新闻，这与之前政府大力宣传的免费治疗相矛盾。为此，该国总检察长优素福特意出来辟谣，表示并没有证据表明医生在收取额外的治疗费用。除上述事件外，该国互联网上还有人指责政府将各国的援助物资暗中出售。为此，塔吉克斯坦总检察长优素福、国家金融监管和反腐败署署长苏莱蒙·苏通佐达先后对此消息进行澄清，否认有关包括食品和药品在内的到达塔吉克斯坦的人道主义援助物资被出售的谣言。上述事件无论真实与否，均在一定程度上体现出在疫情之下，该国民众存在部分恐慌情绪。这种恐慌情绪大多源自对政府的猜忌与不信任，为此塔吉克斯坦政府仍需继续加强疫情处理的透明度，并敦促各地官员按照中央政府的规定行事。

三、2020 年新冠肺炎疫情下塔吉克斯坦外交的新动向

新冠肺炎疫情期间，塔吉克斯坦外交呈现新动向，最主要的特点就是在原有多边平衡外交的思路下，更多突出抗疫合作。主要表

现在塔吉克斯坦有意加强与俄罗斯在疫苗研发与安全上的传统合作，与中国在“一带一路”倡议框架下对接“健康丝绸之路”。对于塔美关系，塔吉克斯坦在疫情期间继续接受美国的大量援助，但并没有降低对美国干涉本国内政的戒心。

（一）多领域加强塔俄双边合作

俄罗斯作为塔吉克斯坦的传统友好国家，2020 年疫情期间塔俄两国主要在抗疫、安全等多领域进行密切合作。2020 年前 8 个月，尽管俄罗斯对塔吉克斯坦的医疗物资援助仅位于 54 个援助国中的第 6 位①，但并未影响双方在医疗卫生领域继续加强合作。同年 10 月，中亚五国外长发表联合声明，表示中亚国家将与俄罗斯在应对新冠肺炎疫情方面实施联合计划，俄罗斯将继续向中亚国家提供直接研究方法和咨询援助。塔外交部则表示：“我们决心与俄罗斯继续实施联合项目，并交流对传染病的研究成果，建立实验室并培训有潜力的医学专家。”② 此外，俄罗斯作为全球最早大规模供应新冠病毒疫苗的国家之一，已有多个国家寻求购买俄产疫苗，为此 2020 年塔吉克斯坦积极就购买俄罗斯新冠疫苗进行谈判，并希望俄罗斯生产疫

---

① “Таджикистан за 8 месяцев получил 14. 2 тыс. тонн гуманитарной помощи”, Avesta Information Agency, September 16, 2020, http://avesta.tj/2020/09/16/tadzhikistan-za-8-mesyatsev-poluchil-14-2-tys-tonn-gumanitarnoj-pomoshhi/.（上网时间：2020 年 11 月 2 日）

② “Central Asian States and Russia Join Forces Against COVID-19”, National Information Agency of Tajikistan, October 17, 2020, https://eng.khovar.tj/2020/10/central-asian-states-and-russia-join-forces-against-covid-19/.（上网时间：2020 年 11 月 2 日）

苗的进程加快。①

在安全合作方面，2020年受疫情影响，塔吉克斯坦与俄罗斯并未举行过多联合军演，俄罗斯驻塔第201军事基地的俄军单独开展了数次反恐演习，主要聚焦于部队在遭受突袭时的反应能力，以及剿灭多名武装分子窝点的突袭能力。不少业内人士认为，俄驻塔部队的军演旨在向塔政府表明俄军完全有能力保卫该国安全，并能够在新冠肺炎疫情等安全风险上升期拥有快速反应的能力。在两国安全合作上，两国虽未进行较多联合军演，但俄罗斯驻塔吉克斯坦201军事基地在2020年夏季为塔吉克斯坦培训了500名初级军事人员。②同年9月，塔国防部根据此前拉赫蒙总统命令，与俄罗斯签署了两国关于建立联合防空系统协定草案，根据该协议规定，塔吉克斯坦的防空系统建设主要交由俄罗斯空天军负责。③

尽管不断密切与俄罗斯的安全合作，但塔吉克斯坦在某些领域特意彰显了自身独立性。2020年5月塔吉边界冲突后，俄外长拉夫罗夫曾表示，俄罗斯愿敦促塔吉两国保持克制，进行对话。对于此番言论，塔外交部立即照会了俄外交部，并表示“提请俄罗斯方面

① “Таджикистан продолжает вести переговоры о приобретении российской вакцины от COVID - 19”, Avesta Information Agency, September 15, 2020, http://avesta.tj/2020/09/15/tadzhikistan-prodolzhaet-vesti-peregovory-o-priobretenii-rossijskoj-vaktsiny-ot-covid-19/.（上网时间：2020年11月2日）

② “Российские военные инструкторы обучат 500 младших специалистов для армии Таджикистана”, Avesta Information Agency, July 4, 2020, http://avesta.tj/2020/07/04/rossijskie-voennye-instruktory-obuchat-500-mladshih-spetsialistov-dlya-armii-tadzhikistana/.（上网时间：2020年11月2日）

③ “Таджикистан и Россия создадут объединенную систему противовоздушной обороны”, Asia-Plus, September 22, 2020, https://asiaplustj.info/ru/news/tajikistan/security/20200922/tadzhikistan-i-rossiya-sozdadut-obedinennuyu-sistemu-protivovozdushnoi-oboroni.（上网时间：2020年11月2日）

注意，第三方参与塔吉两国的边界问题是不适当的”。① 上述情形并不多见，在一定程度上反映了塔吉克斯坦有意向俄方彰显独立性，即便是最重要的合作伙伴，塔方仍坚决反对其干涉本国内部事务。

（二）“健康丝绸之路”引领下的新型中塔合作

中国是塔吉克斯坦的第一大投资国，据相关数据统计，中国在塔的直接投资额高达2.62亿美元，远超其他国家的投资。2020年受新冠肺炎疫情影响，“一带一路”倡议在塔吉克斯坦短时间内遭遇到了劳动力短缺、塔吉克斯坦债务偿还能力下降、海外项目人员面临感染风险等一系列问题。但在全球合作抗击疫情的大背景下，“一带一路”倡议因时而变，合作共建“健康丝绸之路”恰逢其时。在“健康丝绸之路”倡议下，中国不断为包括塔吉克斯坦在内的沿线国家输送了大批医疗物资，并以此为着力点，不断开拓“疫情外交”。

2016年，习近平主席在乌兹别克斯坦最高会议立法院发表演讲时提议，着力深化“一带一路”沿线国家医疗卫生合作，携手打造“健康丝绸之路”，提高沿线国家整体的医疗水平。新冠肺炎疫情的暴发，为推动“健康丝绸之路”提供了良好契机。为此，中国通过中欧班列、在塔投资企业，以及派遣医疗队的方式向塔吉克斯坦提供了大量医疗援助。早在塔吉克斯坦宣布该国存在新冠病毒之前，

① “МИД Таджикистана отправил ноту МИД России о заявлении Лаврова по таджикско – кыргызской границе”, Asia – Plus, May 29, 2020, https: //asiaplustj. info/ru/news/tajikistan/politics/20200529/mid – tadzhikistana – otpravil – notu – mid – rossii – o – zayavlenii – lavrova – po – tadzhiksko – kirgizskoi – granitse.（上网时间：2020年11月2日）

中国便向塔吉克斯坦援助了防疫医疗物资。2020年4月塔吉克斯坦出现疫情后，中国驻塔吉克斯坦大使刘彬会见塔副外长萨义德佐达，双方共同签署中方防疫援助物资交接书，并就防控新冠肺炎疫情合作、疫情形势下加强边界管理、推进中塔共建“一带一路”项目等问题交换意见。此后，中国先后数十次向塔方提供医疗物资援助，占塔吉克斯坦所接收到的全部援助的41.3%。[①] 除援助外，中国（陕西）政府联合工作组亲自赴塔展开抗疫援助活动。联合工作组在塔工作期间，致力于提高塔吉克斯坦防疫能力，并通过视频连线、实地考察、座谈交流等多种形式，讲解交流中国成功的抗疫经验，为塔吉克斯坦医护人员提出了合理的意见、建议。

2020年，中塔“疫情外交”不断深化，扩大了中塔两国间互信。疫情期间，塔官方并未对中国采取过度防控措施，且塔政府积极与中国进行沟通并提供援助，其国内的舆论也并未出现对华不利的声音。此外，中塔多次以“一带一路”倡议为内容举行会谈。2020年6月18日，习近平主席同拉赫蒙总统通电话，习主席强调，要确保共建“一带一路”重点项目得到落实，要着眼后疫情时代，尽早谋划经贸、投资、能源、互联互通、农业等重点领域合作，推动两国关系得到新发展。同年9月，塔吉克斯坦主流媒体刊登了中国驻塔大使刘彬所作的名为《中国发展将继续为世界提供机遇》的署名文章。刘彬强调，塔吉克斯坦是中国的全面战略

① “Таджикистан за 8 месяцев получил 14, 2 тыс. тонн гуманитарной помощи”, A-vesta Information Agency, September 16, 2020, http: //avesta. tj/2020/09/16/tadzhikistan-za-8-mesyatsev-poluchil-14-2-tys-tonn-gumanitarnoj-pomoshhi/.（上网时间：2020年11月3日）

伙伴和睦邻友邦，也是最早响应中国共建“一带一路”倡议的国家之一。疫情暴发后，中塔两国在抗疫、经贸等多个领域开展了一系列卓有成效的合作，彼此予以坚定支持，全面战略伙伴关系得以进一步巩固和深化。①

（三）接受美国抗疫援助，防范潜在干涉举动

疫情期间，塔吉克斯坦从现实利益出发，积极接受美国对塔吉克斯坦的抗疫援助。2020 年 4 月，美国政府曾通过美国国际开发署向塔吉克斯坦提供 87 万美元援助，借以加强塔吉克斯坦持续应对新冠肺炎疫情的能力。② 5 月，美国政府宣布再向塔吉克斯坦提供 169 万美元援助，用于防范新冠病毒的传播。另外，美国国际开发署也宣布将再次提供 60 万美元援助，以保护塔吉克斯坦弱势群体免受病毒感染。③

2020 年 5 月 27 日，美国国际开发署再次承诺向塔拨款 200 万美

① 《驻塔吉克斯坦大使刘彬在塔〈商业与政治〉报发表署名文章》，中华人民共和国驻塔吉克斯坦共和国大使馆，2020 年 9 月 21 日，http：//tj. china - embassy. org/chn/xwdt/t1816711. htm。（上网时间：2020 年 11 月 3 日）

② “The US Government Mobilizes To Combat COVID - 19 in Tajikista”，U. S. Embassy in Tajikistan，April 8，2020，https：//tj. usembassy. gov/the - u - s - government - mobilizes - to - combat - covid - 19 - in - tajikista.（上网时间：2020 年 11 月 4 日）

③ “U. S. Centers for Disease Control Pledges ＄1. 69 Million for Fight Against COVID - 19 in Tajikistan”，U. S. Embassy in Tajikistan，May 6，2020，https：//tj. usembassy. gov/u - s - centers - for - disease - control - pledges - 1 - 69 - million - for - fight - against - covid - 19 - in - tajikistan/.（上网时间：2020 年 11 月 4 日）

元，用以保护中亚移民安全。① 次月，美国政府表示将通过美国国际开发署在一年内向塔吉克斯坦拨款260万美元，支持该国抗疫。安全方面，美国通过国务院国际麻醉品和执法事务局向塔吉克斯坦药物管制局提供81万美元。② 对美国而言，通过美国国际开发署加大对于塔吉克斯坦的疫情援助，一方面是为了平衡疫情期间俄罗斯在该国不断扩大的影响力，另一方面是继续通过援助输出美国价值观，借此引导塔吉克斯坦在更多领域参照美国模式进行改革。

而对于塔吉克斯坦而言，接受美国大量援助，有助于政府缓解财政紧张，并能借此增强本国的国际话语权。但面对美国的潜在干预，塔吉克斯坦保持高度防范态度。2020年1月，美国国会议员致函塔吉克斯坦总统拉赫蒙，批评其政府利用认证手段来限制自由欧洲电台/自由电台的独立报道，并威胁如果不允许该电台自由运作，可能会影响到美国与塔吉克斯坦的关系。③ 对于美国上述行为，塔吉克斯坦国家通讯社记者发表上百字的文章予以抨击。同年4月，自由欧洲电台/自由电台在其官网未经核实便报道塔吉克斯坦贾巴尔—拉苏洛夫区一家医院的一名60岁老人死于新冠病毒，该新闻对塔吉克斯坦造成恶劣影响。为此，塔吉克斯坦国家通讯社编辑代表政府发声，并

① "USAID Commits $2 Million to Address the Needs of Central Asian Migrants Impacted by the COVID－19 Pandemic", U. S. Embassy in Tajikistan, May 27, 2020, https: //tj. usembassy. gov/pr－52720/.（上网时间：2020年11月4日）

② "U. S. Funding to UNODC Combats Drug Trafficking in Tajikistan", U. S. Embassy in Tajikistan, June 17, 2020, https: //tj. usembassy. gov/u－s－funding－to－unodc－combats－drug－trafficking－in－tajikistan/.（上网时间：2020年11月4日）

③ "RFE/RL: Government 'Impeding' It from Functioning in Tajikistan", AKI press, January 24, 2020, https: //akipress. com/news: 633452: RFE/RL__Government__impeding__it_from_functioning_in_Tajikistan/.（上网时间：2020年11月4日）

表示“自由欧洲电台/自由电台最好能够明白自身所谓的‘关键角色’，不要总是制造出一副广大发展中国家需要一名‘老大哥’的假象，塔吉克斯坦不需要根据发达国家及其新闻媒体的指导来解决本国自己的问题”。① 此外，面对美国国务院将塔吉克斯坦列为侵犯宗教自由黑名单的行为，塔吉克斯坦也给予了坚决回击。总体而言，塔吉克斯坦与美国合作抗疫，与俄罗斯以及中国方面合作相比，戒心较大。这种戒备心理不仅无法通过抗疫援助而消除，反而在疫情期间因美国以及西方媒体对该国内政的干涉有扩大趋势。

四、2020 年塔吉克斯坦疫情防控政策及总体成效

面对疫情，塔吉克斯坦政府成立了由总理领导的防疫小组，此外总统拉赫蒙不断对政府各成员直接下达相关指示，以减少疫情对塔吉克斯坦的负面影响。

（一）疫情防控举措

增大医疗卫生领域投入。尽管塔吉克斯坦国家财政压力巨大，

① “‘Each Country Has Its Own Rules.’ Notes by Khovar Editor Regarding Radio Ozodi President’s Letter to Tajik Foreign Minister”, National information agency of Tajikistan, June. 4, 2020, http://eng.khovar.tj/2020/04/each－country－has－its－own－rules－notes－by－khovar－editor－regarding－radio－ozodi－president－s－letter－to－tajik－foreign－minister//. （上网时间：2020 年 11 月 4 日）

该国政府为了防止新冠肺炎疫情的扩散与传播，仍不断在医疗卫生领域投入大量资金。2020年6月，塔财政部长法伊济丁·卡霍尔佐达称，受疫情影响，2020年国家预算收入计划无法完成，因此需压缩23.49亿索莫尼（2.28亿美元）；而为了支持医疗系统和提高防疫人员工资、支持遭受疫情影响的部门、建设罗贡水电站，政府仍将增加19亿索莫尼的开支。① 在资金投入之下，塔吉克斯坦政府接连采购了近100多台呼吸机，并为隔离区工作的医护人员采购特殊防护服并给予额外工资补贴，赶工建设并翻修了能容纳3000张病床的杜尚别临时医院、杜尚别传染病医院、苦盏市病毒实验室等多家疫情治疗与防治场所。此外，塔吉克斯坦政府投入资金对杜尚别市在内的全国主要城市使用大规模消毒剂进行消毒。上述一系列举措，使塔吉克斯坦在短期内对疫情进行了较为有效的控制，但长远来看，随着塔政府不断缩减预算，以及可供医疗投入的资金日渐捉襟见肘，该国依靠自身力量从经济低迷中的恢复难度较大。

不断接收国际抗疫物资。鉴于抗疫方面的巨大投入，塔吉克斯坦一方面缩减预算以留出更多资金用于采购抗疫物资，另一方面通过不断推进的国际合作，获得了众多援助物资。根据塔吉克斯坦政府的汇总信息，自疫情传播以来，塔吉克斯坦共收到了其他国家所提供的价值超过3360万美元的人道主义援助，共有54个国家向塔吉克斯坦提供了重达1.4万吨的援助物资，其中中国是最大援助国，

① 《塔因疫情压缩今年的国家预算》，中华人民共和国驻塔吉克斯坦共和国大使馆经济商务处，2020年7月3日，http：//tj. mofcom. gov. cn/article/jmxw/202007/20200702979928. shtml。（上网时间：2020年11月5日）

占全部援助的41.3%，其次是乌兹别克斯坦，占12.3%，以及土耳其的11.7%，上述援助背后是塔吉克斯坦不断深化与邻国间抗疫合作的具体体现。早在疫情初期，杜尚别市长鲁斯塔姆便与中国驻塔大使刘彬通电话，交流中塔抗疫合作问题。随后，塔外长穆赫里丁还分别会见了联合国驻塔吉克斯坦协调员辛纳诺格鲁、美国驻塔吉克斯坦大使约翰·波默斯海姆、欧盟驻塔吉克斯坦大使玛丽莲·约瑟夫逊、世卫组织驻塔吉克斯坦办公室负责人加利纳·佩尔菲利耶娃、联合国儿童基金会驻塔办事处代表卢西亚诺·卡莱斯蒂尼以及世界银行驻塔吉克斯坦代表处负责人扬·彼得·奥尔特斯，而上述会谈的重点均放在塔吉克斯坦与国际社会合作抗疫的问题。大批援助物资的进入，对塔吉克斯坦抗击新冠肺炎疫情发挥了重要作用，对提高其治愈率，普及疫苗接种率起到积极效果。

出台相关法律法规防止疫情反弹。在塔吉克斯坦官方认定的“疫情高峰期”过后，为防止疫情反弹，政府不断加强关于预防疫情扩散的法律法规。2020年6月，塔总理拉苏尔佐达主持了抗疫例行会议，会议表示，鉴于目前塔吉克斯坦国内新冠肺炎疫情传播形势的稳定以及正常化，20日起，在全国范围内允许不超过100人的婚宴举行，且举办婚宴场所需要符合卫生标准。① 同月，塔议会上院又批准了《行政犯罪法》修正案，该修正案规定，对于在公共场合不

① “В Таджикистане с 20 июня разрешаются свадьбы, а с 1 июля открываются рейсы в Дубай и Узбекистан”, Avesta Information Agency, June 17, 2020, http://avesta.tj/2020/06/17/v-tadzhikistane-s-20-iyunya-razreshayutsya-svadby-a-s-1-iyulya-otkryvayutsya-rejsy-v-dubaj-i-uzbekistan/.（上网时间：2020年11月5日）

戴口罩者将处以 116—290 索莫尼罚款。[1] 同时，对于通过媒体传播有关新冠肺炎疫情的虚假信息，个人处以 580 索莫尼罚款，对于运营法人最高处以罚 1.16 万索莫尼。鉴于塔吉克斯坦政府的组织与动员能力较强，社会管控总体较好，因此政令通行较为顺利，民众也能遵守。但随着疫情的进一步平缓，塔吉克斯坦政府的一系列法律法规的约束力开始随着疫情的缓和而日渐松动。苦盏市副市长菲鲁扎警告称："最近几天，由于不遵守卫生标准和其他防疫措施，苦盏市感染新冠病毒的人数正在增加，这令人震惊。"为此，塔卫生与社会保障部，以及各州政府数次呼吁公众出入公共场所要遵守相关法律法规。从实际效果来看，尽管塔吉克斯坦从法律层面入手试图敦促居民遵守防疫规定，防止疫情反弹，但其作用十分有限。一是在 2020 年下半年以来塔吉克斯坦疫情形势平稳，但始终未能做到清零。二是 2021 年后暴发的多轮疫情表明，政府的这一举措作用十分有限。

（二）多措并举降低经济负面影响

为企业与个人提供多种优惠政策。为应对新冠肺炎疫情对经济造成的冲击，塔吉克斯坦总统拉赫蒙签署《预防新冠肺炎疫情对塔吉克斯坦共和国社会经济领域影响的命令》，决定自 2020 年 4 月 1

---

① "Маджлиси милли одобрил поправки, предусматривающие штрафы за не ношение масок", Avesta Information Agency, June 26, 2020, http://avesta.tj/2020/06/26/madzhlisi-milli-odobril-popravki-predusmatrivayushhie-shtrafy-za-ne-noshenie-masok/.（上网时间：2020 年 11 月 5 日）

日至9月1日，暂停征收旅游、宾馆、大众餐饮等诸多服务行业的税款。5月1日至8月1日免除因疫情影响而完全停止营业的中小企业租用国有资产的租金，并宣布对市场、贸易中心的个体户，以及理发店、美容院予以免税。① 此外，财政部下属工作小组日前完成了《税收法》修订工作，并提交至政府进行审核。据悉，该法的修改旨在降低对企业的征税力度，减少企业的生存压力。② 除了对企业提出诸多优惠政策外，塔吉克斯坦政府为了维持居民的收入水平，宣布自2020年6月1日至12月31日将个人所得税率从12%降低到6%。并为塔吉克斯坦因感染新冠病毒而接受医学检查的公民提供无法劳动证明并给予补偿。政府为企业与个人提供优惠对缓和因疫情而导致的社会矛盾、复苏经济起到一定作用，但税收的减免以及为个人提供的补贴，为本就拮据的财政增添了一笔新的负担。

借助国际援助。面对疫情所带来的巨额财政支出，仅凭塔吉克斯坦自身薄弱的经济实力难以承受，为此塔吉克斯坦曾多次寻求国际组织的资金帮助。2020年5月，拉赫蒙总统就表示："近一个半月以来，由于受到旅行限制和低油价影响，来自俄罗斯的汇款已减少近一半，塔吉克斯坦请求国际货币基金组织提供财政

① 《拉赫蒙总统命令暂停向部分企业征税》，中华人民共和国驻塔吉克斯坦共和国大使馆经济商务处，2020年6月12日，http：//tj. mofcom. gov. cn/article/jmxw/202006/20200602973316. shtml。（上网时间：2020年11月6日）

② "Проект нового Налогового кодекса Таджикистана готов. Там много преференций для бизнеса", Asia - Plus, August 14, 2020, https：//asiaplustj. info/ru/news/tajikistan/economic/20200814/proekt - novogo - nalogovogo - kodeksa - tadzhikistana - napravlen - pravitelstvu.（上网时间：2020年11月6日）

援助。"[①] 为此，国际货币基金组织批准向塔吉克斯坦提供1.89亿美元贷款，以满足其抗疫需求。据悉该贷款为10年期，其中前5年内无需缴纳利息。次月，亚洲开发银行批准向塔吉克斯坦提供5000万美元援助，用于消除新冠肺炎疫情造成的不良社会经济影响。同年7月，亚洲开发银行又批准了一笔3000万美元的援助。随后，塔吉克斯坦第一副总理达甫拉塔利·萨义德在致亚洲开发银行总裁中尾武彦的信函中称，塔政府再次请求亚洲开发银行给予援助。[②] 此外，塔吉克斯坦经贸部还在与联合国驻塔吉克斯坦共和国代表的会议期间，就联合国向塔吉克斯坦提供财政援助达成了协议。根据协议，联合国将拨款6000万美元援助塔吉克斯坦。短期来看，依靠国际援助有助于缓解塔吉克斯坦日益吃紧的财政压力，但长久来看无疑会加重其本就沉重的债务负担，偿还债务的能力进一步降低。

开辟经济新增长点。受到疫情以及自然灾害影响，塔吉克斯坦传统重点工业部门如电力工业和采矿业出口疲软，产量出现不同程度下滑。2020年前8个月塔吉克斯坦电力生产能力下降5.6%，造成塔吉克斯坦电力出口额同比减少3000万美元。[③] 此外，塔吉克斯

---

① Эмомали Рахмон, "За полтора месяца денежные переводы из России сократились наполовину", Asia - Plus, May 8, 2020, https: //asiaplustj. info/ru/news/tajikistan/politics/20200508/emomali - rahmon - za - poltora - mesyatsa - denezhnie - perevodi - iz - rossii - sokratilis - napolovinu? .（上网时间：2020年11月6日）

② 《塔政府再次请求亚洲开发银行给予援助》，丝路新观察，2020年7月14日，http: //cms. siluxgc. com/tjk/20200714/21432. html。（上网时间：2020年11月6日）

③ 《今年前8个月塔电力下降5.6%》，中华人民共和国驻塔吉克斯坦共和国大使馆经济商务处，2020年9月18日，http: //tj. mofcom. gov. cn/article/jmxw/202009/20200903002332. shtml。（上网时间：2020年11月6日）

坦采矿业生产出现不同程度下滑，2020 年上半年，塔采矿业产值为 18 亿索莫尼，同比下降 1.8%；金属矿石产量下降 1.6%，其他矿物产量下降 18.9%，原油和天然气产量下降 4%。① 在上述不利条件下，塔吉克斯坦政府大力发展以旅游业为核心的经济新增长点。2020 年 4 月，塔旅游委员会举行了题为“塔吉克斯坦制造倡议：旅游业”的会议。通过会议，塔旅游委员会加强了与塔吉克—英国商会、伦敦塔吉克文化中心间关系，并借此扩大了塔吉克斯坦旅游知名度。5 月，塔旅游委员会启动了新网站，以此推广塔吉克斯坦的旅游资源。6 月，塔旅游委员会计划设立反危机基金，以支持本国旅游业，并减少新冠肺炎疫情对旅游业所造成的影响。总体来看，由于国际疫情形势仍然严峻，塔吉克斯坦旅游人数仍以国内游客为主，但鉴于塔吉克斯坦整体国民收入水平较低，旅游业在短期内无法解决财政吃紧问题。但随着塔吉克斯坦逐渐恢复与他国航线与人员交往，该国旅游业仍拥有不错的前景。

总体而言，结合塔吉克斯坦政府各项抗疫措施以及该国官方对外所公布的疫情数据，可以认为政府的举措在一定程度上起到了效果。但由于塔吉克斯坦自身体量较小，对外依赖度以及脆弱性较强，政府在面对经济下行以及疫情防疫方面仍欠缺有效举措，因此经济低迷、安全风险上升与疫情扩散将成为影响该国政局稳定的重大挑战。

① 《塔采矿业生产下滑》，中华人民共和国驻塔吉克斯坦共和国大使馆经济商务处，2020 年 8 月 14 日，http://tj.mofcom.gov.cn/article/jmxw/202008/20200802992465.shtml。（上网时间：2020 年 11 月 6 日）

上海合作组织框架下中国与中亚公共卫生治理合作
——以新冠肺炎疫情为视角

周卓玮*

摘　要　上海合作组织作为人类卫生健康共同体构建的平台，有自身独特优势，并逐渐形成区别于其他国际制度的区域合作方式。本文通过分析公共卫生安全威胁地区安全与合作的案例，认为上海合作组织有必要更加重视区域公共卫生治理，凭借易于联动的卫生应急体系、相似的医疗诊断方法、长期形成的良好多边交流三大优势，可在上合地区率先建立人类卫生健康共同体。并提出了建立预防为主、防治相结合的卫生治理合作体系，建设自上而下和自下而上双轨并行的应急系统，形成具有“上合特色”的中国—中亚公共卫生治理模式。

关键词　上海合作组织；公共卫生治理；区域合作；中国—中亚

* 周卓玮，中国社会科学院大学俄罗斯东欧中亚研究系2020级硕士研究生。

世界卫生组织将全球公共卫生安全定义为：为尽量减少跨地区和跨国界危及人类健康的急性公共卫生事件的发生，所需的主动和被动行为。[①] 美国学者罗伯特·比格利赫提出，全球公共卫生治理是指在世界范围内为促进健康和卫生公正而采取的集体行动。[②] 全球卫生治理即对公共卫生进行综合性治理，包括但不限于建设联防联控、信息共享的突发事件应急机制，以及疫苗研制、医疗资源分配、经验分享的全球卫生治理合作，以减少公共卫生安全对人类发展产生的潜在性或直接性伤害。治理主体包括国家行为体及国际组织、企业、个人等非国家主体。总而言之，全球卫生治理具有三个基本属性：跨国性、非排他性、主体多元性。

上海合作组织是首个在中国境内成立，并以中国城市命名的区域性国际组织。它以安全起家，但不局限于传统安全领域，而是明确提出共同打击"三股势力"、保护能源及粮食安全、防止疫病蔓延，在平等伙伴基础上，不断提高各成员国人民的生活水平，改善生活条件。[③] 上合组织的优先任务是为所有成员国建立统一的安全空间，[④] 践行共同、综合、合作、可持续的安全理念，维护地区安全，应对成员国面临的安全威胁与挑战，包括预防和消除突发事件。[⑤] 成员国曾多次召开卫生防疫部门领导人会议，签署《上海合作组织成

---

① "Health Security", WHO, https://www.who.int/health-topics/health-security#tab=tab_1.（上网时间：2022 年 3 月 12 日）

② Robert Beaglehole and Ruth Bonita, "Global Public Health: A Scorecard", The Lancet, Vol. 372, No. 1, 2008, p. 198.

③ 《上海合作组织宪章》，2001 年。

④ 《"上海合作组织保障地区安全：问题与前景"国际科学实践会议决议》，2014 年 5 月 14—15 日，杜尚别。

⑤ 《上海合作组织至 2025 年发展战略》，2015 年 7 月 10 日。

员国政府间卫生领域合作协定》，在跨境动物疫病防控领域开展密切合作。各国元首在会议宣言中也多次明确了成员国在加强和保障人口健康、居民卫生防疫、防治传染病、人才培养和提高医护人员专业水平方面开展合作的必要性。

新冠肺炎疫情的暴发使上合组织成员国更加意识到公共卫生治理合作的必要性与紧迫性。学术界虽然一直有关于全球公共卫生治理合作的研究，但是相比于其他领域，研究议题依然不充分、不深入，尤其在中亚地区，直到新冠肺炎疫情的出现才得到广泛关注。有关中国与中亚的公共卫生治理合作主要有以下几方面的研究：一是梳理共同卫生问题并进行合作可行性分析，① 提出了医疗旅游、建立跨境医疗服务平台等合作方案；二是认可上合组织在中国与中亚卫生治理中的作用，将其治理水平划分成不同的发展阶段，提出卫生健康领域合作对拓展组织本身发展功能和完善自身机制建设，以及对上合组织及其成员国国际地位提升的作用；② 三是对上合组织的区域合作方式进行理论创新，视上合组织为“自上而下的地区合作模式”“安全驱动的地区合作模式”“基于共识的地区主义”等，运用“区域安全复合体理论”“公共产品理论”“（新）地区主义”等理论对上合组织进行重新解读。

但是，已有研究仍然在如下三方面存在不足：首先，对于上合地区公共卫生治理的讨论就事论事，未能充分考虑地区复合型安全

---

① 蒋祎、邱增辉：《全球卫生治理视域下中亚国家的健康状况及与中国的合作》，《俄罗斯东欧中亚研究》2020 年第 4 期，第 81 页。

② 李雪威、王璐：《上海合作组织参与全球卫生治理：优势、挑战及路径选择》，《国际问题研究》2020 年第 6 期，第 23—37 页。

困境、制度重合下的治理低效；其次，缺乏比较研究思维，学者未对中亚与中国/上合组织、中亚与其他国家或国际组织的合作方式进行比较研究，发掘上合组织在公共卫生治理方面的独特性，创建独有的“上合”特色的合作模式；最后，理论研究具有滞后性，曾向红指出，“国内外关于上合组织的多数研究成果属于描述性研究，学理性研究成果不仅数量较少，而且创新程度也有待提高”，[①] 并且理论研究常常滞后于现实发展，未能对地区合作起到指导和预见作用。

因此本文将以中国与中亚卫生治理合作为研究对象，发掘在上合组织框架中的合作现状及潜力，其中中亚区域指上合组织中的中亚四国，包括哈萨克斯坦、乌兹别克斯坦、吉尔吉斯斯坦、塔吉克斯坦，土库曼斯坦不是上合组织成员国，暂且不作为本文研究对象。

一、中国与中亚四国公共卫生合作的必要性

通过合作可以达到超越自身能力的目标，并扩大自身收益。中国与中亚四国公共卫生合作的必要性将从三个层面展开，这也是中国与中亚产生合作需要的前提。首先是中国与中亚国家疫情的关联性，为了防止疫情的输入，中国与中亚国家采取了相应的入境措施，但依然无法阻止疫情对彼此的影响，从这一层面论证了中国与中亚

① 曾向红：《上海合作组织研究的理论创新：状评估与努力方向》，《俄罗斯东欧中亚研究》2019 年第 1 期，第 31—49 页。

在卫生健康领域命运与共，非常有必要采取共同行动保护区域安全与稳定。其次是公共卫生安全外溢到其他领域，直接影响中国与中亚多方面的交往与合作，不利于上合组织地区的可持续发展。最后，人类命运共同体的构建与上合组织的发展之间存在紧密联系，因此上合组织作为人类命运共同体构建平台，在公共卫生治理方面应发挥独特优势和作用。

（一）中国与中亚四国新冠肺炎疫情的关联性

首先，中国与中亚国家领土相接。中国与哈萨克斯坦、吉尔吉斯斯坦、塔吉克斯坦接壤，边境线总和超过 3000 公里，有额尔齐斯河、伊犁河等多条跨境河流。历史上，中亚一直是中国通往西方交流的桥梁，形成了贯穿欧亚大陆的“丝绸之路”。在苏联解体后中亚五国分别作为民族国家独立，中国与中亚的往来恢复，交往领域及规模在上合组织成立后不断增加。文化上，中国与中亚有相同的民族，如哈萨克族、乌孜别克族、塔吉克族、柯尔克孜族、俄罗斯族等，虽然山川异域，但语言文化相似，有天然的血缘纽带。一方面，地理毗邻性扩大了人员往来和商品贸易，另一方面，传染性疾病跨境传播的可能性加大。

其次，关联性体现在新冠肺炎疫情暴发后，中国与中亚国家连接的短暂中断。在中国出现新冠肺炎病例后，中亚国家出于对疫情的突发性（传播速度快）、未知性（对新冠病毒的传染性、严重性、诊疗方式的未知）的恐惧，迅速切断了与中国的正常人员往来和商品流动。2020 年 1 月 26 日起，哈萨克斯坦暂停对华公民 72 小时免签，中哈霍尔果斯国际跨境合作中心关闭。3月初，吉尔吉斯斯坦、塔吉克斯坦、哈萨克斯坦也相继限制中国居民入境。但是，中国疫情得到有效控制后，中亚国家将中国从疫情最严重国家名单中除名，中国与中亚过境口岸也陆续开放，过境中亚国家的中欧班列陆续恢复常态化运行。哈萨克斯坦2020年3月12日出现首例新冠肺炎病例（并非来自中国），此后中亚国家的疫情暴发迅速，一度单日新增病例过万，并且因为人员往来疫情回流中国，多次触发航班熔断。

最后，关联性体现在上合组织成员国对抗击疫情的相互支持中。中国与中亚疫情的关联性一定程度上促使了双边或多边的合作抗疫战。抗疫上，武汉暴发肺炎疫情至2020年3月中亚出现首例新冠肺炎确诊病例，上合组织国家领导人率先声援中国，为抗击疫情，捐赠药品、设备和防护服等物资，派遣专家赴华，协力研究疫苗。[①] 从3月初开始，中国已较为有效地控制疫情大范围传播，中亚却出现确诊病例并且确诊数量突增，中亚各国借鉴中国的抗疫经验，建立中亚版的“火神山”医院，实施隔离政策。中国给予中亚国家防疫抗疫医疗物资，并派出医疗专家组分享中国治疗经验，协助中亚国家渡过难关。

（二）公共卫生健康安全威胁地区安全与合作

根据《关于在上海合作组织地区共同应对流行病威胁的声明》，上合地区存在“暴发流感、鼠疫、严重急性呼吸道综合征（SARS）、

① 《塔斯社：“秘书长称，上合组织正在研究传染病暴发应急措施”》，上海合作组织官网，2020年3月12日，http://chn.sectsco.org/news/20200312/640074.html。（上网时间：2020年10月20日）

出血热、霍乱及其他严重传染性疾病可能”。[①] 此外，癌症、心血管疾病、糖尿病和慢性呼吸系统等非传染性疾病也是中亚国家公共卫生系统面临的挑战（尤其是因为有限的医疗资源分配给了新冠治疗，而导致常规门诊中断）。例如，根据世卫组织测算，非传染性疾病给乌兹别克斯坦造成的经济损失（直接或间接）总计 9.3 万亿美元，相当于2016 年该国国内生产总值的4.7%。[②] 中亚国家在应对新冠肺炎疫情时不同程度上面临专业人士、资金、设备、治疗经验、公共卫生研究短缺的问题。

国际突发公共卫生事件具有跨国性、不确定性的特点。跨国性是指在经济全球化的背景下，病毒随着商品、人员跨国流动，任何国家都可能受到病毒的影响。不确定性是指流行疾病的发生时间及地点、传播及治疗方式、是否受到季节气候影响是不确定的。而根据“问题联系”（issues linkage）理论，公共卫生、贸易、人权等传统上各成一体的领域之间存在日益互相联系和渗透的趋势。[③] 新冠肺炎疫情对上合组织地区安全的威胁不局限于卫生健康领域，也逐渐“外溢”到社会、经济、政治中，暴露了收入、年龄、种族、性别和地理位置方面的持续不平等。

在经济上，新冠肺炎疫情的暴发使得各国经济受到不同程度的

---

① 《关于在上海合作组织地区共同应对流行病威胁的声明》，上海合作组织官网，http：//chn. sectsco. org/load/443157/。（上网时间：2022 年 3 月 12 日）

② “Prevention and Control of Noncommunicable Disease in Uzbekistan. The Case for Investment（2018）”，WHO，https：//www. euro. who. int/en/countries/uzbekistan/publications/prevention – and – control – of – noncommunicable – disease – in – uzbekistan. – the – case – for – investment – 2018.（上网时间：2022 年 3 月 12 日）

③ Trachatman JP，“Institutional Linkage”，American Journal of International Law，No. 96，2002，pp. 77 – 93.

影响。首先，2020 年中国、塔吉克斯坦、乌兹别克斯坦三国维持小幅度增长，俄罗斯、哈萨克斯坦出现下降，吉尔吉斯斯坦经济下降明显。[①] 同时，疫情减少了中亚国家的财政收入，在抗疫上财政投入增加的同时，财政赤字扩大、债务风险增加。其次，疫情加剧贫富差距，增加贫困人口。俄罗斯有大量中亚劳动移民，而俄罗斯是疫情较为严重的国家之一。受疫情影响，大量企业暂时停工或关闭，中亚劳工丧失生活收入来源，中亚侨汇收入减少，季节性劳工无法像往年一样取得工作机会。此外，商品价格上涨、房租增加，医疗成本、远程教育成本（数字鸿沟）增加等问题扩大了社会不平等，女性失业率更是高于男性，因为她们通常从事轻工业、服务业。最后，疫情使贸易受阻。中国与中亚贸易往来密切，在新冠肺炎疫情发生前商品和人员跨境往来频繁。疫情前，中国是乌兹别克斯坦第一大贸易伙伴，哈萨克斯坦、吉尔吉斯斯坦第二大贸易伙伴，塔吉克斯坦第三大贸易伙伴。2020 年年初中国暴发新冠肺炎疫情，中亚国家于 3 月开始相继出现首例新冠肺炎病例，各国采取不同方式严格监管国家入境点，对贸易畅通、人员交流造成一定阻碍。2019 年，中国与上合组织成员国贸易总额为 1784.7 亿美元，占中国对外贸易总额的 5.66%；2020 年，中国与上合组织成员国贸易总额为 2448.75 亿美元，在中国对外贸易总额中的比重降至 5.2%，[②] 尤其是中吉和中塔双边贸易下降幅度最大。

---

① 郭晓琼：《新冠肺炎疫情下上海合作组织区域经济发展的新挑战与新方向》，《欧亚经济》2021 年第 3 期，第 87—109 页。

② 《2020 年 12 月进出口商品国别（地区）总值表（美元值）》，中华人民共和国海关总署，2021 年 1 月 18 日，http://www.customs.gov.cn/customs/302249/zfxxgk/2799825/302274/302277/302276/3515719/index.html。（上网时间：2022 年 3 月 12 日）

在政治上，新冠肺炎疫情对政治的影响逐渐显现。对经济生活不满的中亚人民更倾向于走上街头，采用“街头政治”的方式表达自己的不满。中亚国家公民本身缺少足够的渠道参与政治，加之疫情对经济的巨大冲击，2020 年 10 月初，吉尔吉斯斯坦街头持续爆发骚乱。比什凯克人群的聚集又再次加速了吉尔吉斯斯坦疫情的传播；2022 年初，哈萨克斯坦因天然气价格上涨，西部城市的石油工人罢工事件很快扩大为全国范围的骚乱，一定程度上也与新冠肺炎疫情对就业的影响有关。

此外，地区外部及网络空间也对上合地区抗疫合作造成干扰。首先，域外大国“乘虚而入”，挑拨上合组织成员国原有的互信关系，因新冠肺炎疫情中亚地区重现不和谐之声。其次，网络谣言“乘虚而入”。网络拓宽了人们获取信息的渠道，加速了信息的流通，同时也使得不实信息更容易对人们的生产生活造成影响。最后，宗教极端思想“乘虚而入”。中亚贫困人口增加，失去工作的青年人更容易受到宗教极端思想的影响和煽动。加之“圣战”人员陆续“回流”母国，给中亚的安全带来风险。对上合组织的误读在新冠肺炎疫情背景下不降反增。

（三）上合组织助力建设人类卫生健康共同体

全球化时代全球公共卫生安全形势面临巨大的挑战。① 在人员和

---

① 程春华、杨久华：《未来中长期全球公共卫生安全：发展趋势及其国际政治影响》，《中国社会科学》2012 年第 11 期，第 20 页。

商品突破传统国界广泛流动的背景下，面对新冠肺炎疫情，没有国家可以独善其身。2020 年 5 月 18 日，习近平主席在第 73 届世界卫生大会视频会议开幕式上倡议“共同构建人类卫生健康共同体，共同佑护各国人民生命和健康，共同佑护人类共同的地球家园”。[①] 随后在 2020 年上合组织成员国元首峰会上再次倡议建设地区“卫生健康共同体”。“人类卫生健康共同体”是庞大“人类命运共同体”目标的具体领域。

中国在上合地区贡献了中国解决全球治理赤字的方案和理念，并将其推广到其他地区。习近平主席在上合组织成员国俄罗斯首次提出“人类命运共同体”，该理念于 2018 年写入《上海合作组织青岛峰会宣言》中。2013 年在哈萨克斯坦提出建立“丝绸之路经济带”，2016 年又在乌兹别克斯坦特别提到，着力深化医疗卫生合作，加强在传染病疫情通报、疾病防控、医疗救援、传统医药领域互利合作，携手打造“健康丝绸之路”。[②] 上合组织地区作为“人类命运共同体”先行先试区，可以将上合组织作为平台，与建设健康丝绸之路相补充，以“卫生健康共同体”为阶段性目标，以最终实现“人类命运共同体”。

早在新冠肺炎疫情暴发之前，上合组织多次在成员国政府首脑（总理）理事会、外长理事会的会议成果中明确表达共同防治传染性疾病、加强卫生合作的愿望。2018 年 6 月通过《上合组织成员国元

---

① 习近平：《团结合作战胜疫情共同构建人类卫生健康共同体——在第 73 届世界卫生大会视频会议开幕式上的致辞》，《人民日报》2020 年 5 月 19 日第 2 版。

② 习近平：《携手共创丝绸之路新辉煌——在乌兹别克斯坦最高会议立法院的演讲》，《人民日报》2016 年 6 月 23 日第 2 版。

首关于在上合组织地区共同应对全球流行病威胁的声明》，根据2019年卫生防疫部门负责人例行会议决议，上合组织成员国同意“定期开展卫生防疫突发事故排查和应急演练，包括使用移动实验室”。在新冠肺炎疫情之下，上合组织成员国对各国疫情情况及应对措施进行有效交流，如中国与中亚国家举行卫生部长会议、疫情防控问题专家网络视频会议，介绍与分享中国疫情的发展趋势及防控措施、治疗方法等抗疫经验，① 中国为中亚国家提供抗疫物资和疫苗，中乌疫苗实现联合生产。上合组织还发布《上合组织成员国应对新冠肺炎传播的有效措施综述》，公布了成员国的抗疫举措及成果。

此外，上合组织还关注到新冠肺炎疫情的功能性外溢对其他领域产生的影响，“卫生健康共同体”实际是与“安全共同体”“发展共同体”“人文共同体”相联系。在经济方面，上海合作组织银行联合体也将帮助成员国尽量减少疫情对经济的负面影响，② 并以此次疫情为契机，加快成员国经济数字化转型，推动跨境电子商务发展。在文化方面，上合组织旅游部门领导人多次召开线上会议，利用大数据、虚拟技术等创新旅游模式③替换因疫情影响的传统跨境游方式；上合马拉松将首次以线上联动方式举行。虽然疫情使得人员往来部分受阻，但民心相通不应停滞。2018 年青岛元首峰会发布《上合组织成员国元首关于在上合组织地区共同应对流行病威胁的声

① 《中国同欧亚和南亚地区国家举行新冠肺炎疫情防控问题视频会议》，中华人民共和国外交部，2020 年 3 月 21 日，https：//www. fmprc. gov. cn/web/gjhdq_676201/gj_676203/yz_676205/1206_676500/xgxw_676506/t1759124. shtml。（上网时间：2020 年 10 月 20 日）

② 《上合组织银联体在莫斯科举行视频研讨会》，上海合作组织官网，2020 年 4 月 30 日，chn. sectsco. org/news/20200430/644673. html。（上网时间：2020 年 10 月 20 日）

③ 《上海合作组织成员国旅游部门领导人召开会议》，上海合作组织官网，2020 年 5 月 26 日，chn. sectsco. org/news/20200526/649916. html。（上网时间：2020 年 10 月 20 日）

明》，2020年举行的莫斯科峰会发布《上海合作组织成员国元首理事会关于共同应对新冠肺炎疫情的声明》，2021年杜尚别峰会发布《上合组织成员国消除新冠肺炎疫情对社会不利影响2021年至2023年共同建议措施计划》，肯定了坚决、协同和包容的行动以及相互的有效支持对抗击流行病威胁的作用。此外，上合组织积极参与与联合国的合作，支持联合国核心系统作用，支持世界卫生组织在治理新冠肺炎疫情中发挥的重要作用，同时加强与地区内其他区域性机制的合作，如与亚投行一道恢复和巩固世界经济和贸易，与独联体、欧安组织、东盟的卫生合作。

二、以上合组织为平台进行中国—中亚公共卫生治理的可行性

明确了中国与中亚共同治理卫生安全的必要性后，本部分将从三大优势四大障碍方面分析公共卫生治理合作的可行性。

（一）中国与中亚四国公共卫生治理的突出优势

1. 易于联动的卫生应急体系

杨开忠、陆军将公共卫生突发事件管理体系分为决策系统、信

息系统、执行系统、保障系统。① 中国与中亚卫生应急体系的相似性和突出特点主要在于中央层面的统一管理，对资源进行调配，集中力量办大事，整体配合、覆盖面广、执行深入。截至目前，中国与中亚国家都是世界上疫情防控卓有成效的国家，这离不开政府的快速响应、应急措施的有效执行、对城市和国家边界在必要情况下的及时封锁。

中国与中亚国家在顶层设计中易于联动。首先，上合组织公共卫生合作的主要方式是政府间会议或由政府牵头的民间论坛，这主要因为上合组织自身的最高决策机构是一年一度的元首理事会，并且由政府各部门的合作会议作为拓展和补充。这表明中国与中亚的公共卫生合作是由各国政府“自上而下”驱动的。而中亚国家“大总统小议会”的权力结构意味着行政机构针对突发事件应急相应的决定性作用。中央的统一管理有利于共同规范的实施和推行，确保国家一级的协调和行动计划的制定。其次，可以有效进行统筹规划，在国内对人员及物资进行合理分配，甚至可以在区域内合理分配，确保必要防疫抗疫物资供应链的完整性。再次，及时制止谣言和错误信息的传播，减少公众恐慌，有利于向民众开展宣传和教育工作。最后，有利于国家实验室工作进行区域间合作，大数据平台的建立及信息共享。上合组织前任秘书长弗拉基米尔·诺罗夫表示：“保障信息安全是上合组织新兴合作方向之一。”② 而这个保障应该是由国

① 杨开忠、陆军：《国外公共卫生突发事件管理要览》，中国城市出版社 2003 年版，第 9 页。

② 《上合组织秘书长：上合组织经受住疫情考验》，新华社，2021 年 12 月 22 日，https://www.163.com/dy/article/GRQLH7B805346RC6.html。（上网时间：2022 年 3 月 13 日）

家强力机构来承担。

2. 传统相似的医疗诊断方法

中国传统医学在抗击新冠肺炎疫情中发挥独特优势和突出贡献。2008 年 11 月 8 日，世界卫生组织传统医学大会通过《北京宣言》，肯定了传统医学改善人类健康、促进可持续发展的突出作用。上合组织秘书长指出，要在 2019 年比什凯克峰会《上合组织成员国卫生领域合作主要措施计划（2019—2021 年）》的基础上，联合开展传统医学工作。2020 年上合组织首届传统医学论坛召开，共同提倡发挥传统医学独特优势，团结合作抗击新冠肺炎疫情。《关于开展上海合作组织传统医学合作的南昌倡议》中，提到了传统医学对改善全球卫生治理的作用。

中亚国家有悠久的民族医学传统，中亚传统医学的诊疗方法与中国中医相似，主要是望闻问切，药材以动物来源和草药为主。① 因此，中医治疗新冠肺炎等传染性或非传染性疾病的方法在中亚国家易于被接受和采纳。中国已与吉尔吉斯斯坦签署了传统医药领域的合作谅解备忘录，在哈萨克斯坦、吉尔吉斯斯坦、乌兹别克斯坦设立传统医学中心，共同举办了多种形式的医学交流活动，促进传统医学相互学习、相互借鉴。

3. 长期形成的良好多边交流机制

上合组织是在中国与中亚边境裁军、相互信任的基础上建立起来的。经过二十多年的发展，从安全延伸至政治、经济、文化等领域，形成了高层往来密切、民间交流广泛的合作网络。在卫生健康

---

① 赵常庆：《列国志：哈萨克斯坦》，社会科学文献出版社 2015 年版，第 174 页。

方面，中国与中亚面临相同的传染病、慢性病挑战。

上合组织的公共卫生合作始于2004 年非典疫情后，2009 年上合组织政府首脑（总理）理事会通过了《上合组织地区防治传染病联合声明》，同年，中国与中亚经济合作机制成员（包括哈、乌、吉、塔）在新疆举行中亚区域流感大流行应急演练，并初步探讨如何建立地区突发卫生应急沟通机制。2011 年元首峰会签署了《上合组织成员国政府间卫生合作协定》，2018 年上合组织医院合作联盟成立，各成员医院在搭建组织平台、开展联合研究、进行学术交流、促进技术合作、开展质量评估、建设跨境医联体、开展医疗旅游合作等方面开展务实合作。①

中国与中亚国家在进出口贸易中重视国境卫生检疫工作，对进出口活体动物制定了共同的检验检疫标准，也在此基础上拓展了进口商品的多样性和进口渠道。新冠肺炎疫情之下，中欧（中亚）班列运次、运量不降反升，甚至新开陕西汉中至乌兹别克斯坦、哈萨克斯坦的中欧班列，为中国商品向中亚运输开辟“绿色通道”，保障了生活必需品和重要防疫物资的供给。

在疫情背景下，中国与中亚国家的经贸合作虽然在2020 年受到影响，但是2021 年快速恢复，甚至高于疫情前水平。2021 年中哈双边贸易额创出近年新高，增长了36.2%，② 一方面，中欧班列的恢

① 《上合组织医院合作联盟在背景成立》，中新网，2018 年5 月19 日，http://ku.m.chinanews.com/wapapp/zaker/gn/2018/05 – 19/8517942.shtml。（上网时间：2020 年10 月20 日）。

② 《2021 年中哈双边贸易额创出近年新高》，中华人民共和国商务部网站，2022 年1 月26 日，http://kz.mofcom.gov.cn/article/jmxw/202201/20220103239695.shtml。（上网时间：2022 年3 月13 日）

复运营为贸易畅通起到了关键作用；另一方面，疫情背景下全球供应链缩短，为上合地区合作带来新机遇。未来疫后经济恢复、数字化转型为上合组织设置了新议题，拓展了组织的合作维度、自身动力和全球影响力。

（二）上合组织框架下公共卫生治理的现实障碍

1. 中亚国家国内问题弱化了疫情防治能力

吉尔吉斯斯坦在 2020 年 10 月议会选举后出现社会动荡，政权发生非正常更迭，街头骚乱加速了新冠肺炎疫情的传播速度。疫情之下，中亚国家的社会治安形势更加复杂，由于疫情导致食品等生活必需品短缺，一些低收入人群转而从事犯罪活动，[①] 甚至采用暴力手段，这削弱了上合组织“安全”起家的治理成果，毒品和恐怖主义问题也因为疫情而出现短暂性“治理失效”。此外，疫情防疫过程中的腐败问题和民众无视防疫措施的现象大量存在，加剧民众对卫生健康治理必要性和有效性的怀疑，助长一些执政官员对新冠肺炎疫情的忽视。[②] 这些都是上合地区建立“卫生健康共同体”的不利因素。

2. 区域内多机制重合，利益与规则难以协调

疫情期间，大国在中亚地区的“大博弈”没有停止，甚至出现

---

① 苏畅：《2020 年中亚“综合安全”挑战突出》，载《中亚国家发展报告（2021）》，社会科学文献出版社 2021 年版，第 45 页。

② 刘赛：《新冠肺炎疫情下中亚各国反危机措施及成效评价》，载《中亚国家发展报告（2021）》，社会科学文献出版社 2021 年版，第 49 页。

借疫情增加自身影响力的现象。乌兹别克斯坦是接受外援最多的国家，世界银行和亚洲开发银行对乌基本上是有求必应。[①] 美国不仅为乌提供援助资金，更是帮助乌重启入世谈判。同时，俄罗斯拉拢乌参加欧亚经济联盟的合作，无偿为欧亚经济联盟成员国和独联体国家提供新型冠状病毒实验室诊断试剂，并派驻医疗队、提供抗疫资金。

新冠肺炎疫情加速了美国对中亚资源的需求，这反过来又为美国提供参与机会，帮助中亚政府战胜疫情。美国利用抗疫援助作为条件换取中亚与美国合作打击地区极端分子，维护其安全利益的方式，作为其中亚战略的实施手段。而俄罗斯试图巩固其主导欧亚经济联盟和集体安全条约组织的作用，借助医疗系统的相似性和俄语优势，参与中亚地区抗疫活动中，保持其在中亚地区的绝对影响力。

3. 上合组织缺乏执行力，仍心有余而力不足

首先，缺少强制规范，未能落实共识。由于中国与中亚国家卫生治理能力存在差距，不能保证所有国家都能有能力履行义务，上合组织秉承着“不干涉内政”和“平等协商”原则，不能强制所有成员国给予上合组织相同程度的主权让渡，上合组织宣言、联合声明或公报并不对任何国家具有强制执行力，这意味着当某国未能履行共同责任时，上合组织秘书处或其他国家无权对其行为进行干涉。针对这种行动困境，有学者指出，上合组织的平等原则不意味着作用和影响上的

① 韩璐、李琰：《疫情下中亚国家与国际组织的抗疫合作》，载《中亚国家发展报告(2021)》，社会科学文献出版社2021年版，第219页。

均等，也不是对组织贡献均摊，而是在平等参与、共同建设的基础上，发挥中俄“双引擎”的作用，提供更多公共产品。[①]

其次，缺少融资机制，没有必要的抗疫资金，经济互助还是局限于双边，未能形成区域内的有效分配。中亚国家普遍面临医疗经费不足，药品缺少，依赖进口的问题。中国卫生健康财政支出占国内生产总值比重为5.35%（2019年），哈萨克斯坦、乌兹别克斯坦、吉尔吉斯斯坦、塔吉克斯坦卫生健康支出占国内生产总值比重（2019年）分别为2.79%、4.49%、7.71%、6.57%，而在发达国家这一比例通常在10%以上。[②] 中亚国家在升级完善和改革医疗系统时政府财政投入不足，而上合组织缺少融资机制，上海合作组织开发银行和上合发展投资基金（特别账户）建立困难，难以建立共同的专门应急资金。在抗击新冠肺炎疫情过程中，亚洲开发银行、欧亚开发银行成为上合组织缺少金融机构的替代性机构。

最后，缺少应急机制，反应不及时。中国与东盟在疫情暴发前已建立了早期预警机制、流行病监控平台、公共卫生基金、医疗物资储备等，在疫情发生后又设立特别基金，并签署《区域全面经济伙伴关系协定》推进地区产业链、供应链、价值链健康发展；中日韩也建立了快速反应信息共享机制，在政策制定、诊疗操作、技术研发方面进行协调与合作，在抗疫中形成了“东亚模式”。欧盟采取的方式是支持有弹性和可持续的政治经济框架，它认为依靠这些框

① 姜毅、文龙杰：《上海合作组织：基于共识的地区主义建设》，《俄罗斯东欧中亚研究》2021年第3期，第18、154页。

② WHO，http：//apps. who. int/wha/database/Select/Indicators/en.（上网时间：2022年7月17日）

架可以让中亚政府为未来的紧急情况做好准备。从 2019 年 7 月开始实施加强中亚金融复原力和加速降低风险的行动计划，通过提高金融抵御能力、风险识别能力和改进风险管理，加强中亚国家对灾害的抵御能力。

相比之下，上合组织虽有意识进行公共卫生治理合作，但尚未形成特色应急措施或完整应急模式。虽然在新冠肺炎疫情暴发前已经注意到了公共卫生合作的重要性，但合作大多以会议机制为主，包括政府间会晤机制和非官方的国际论坛、科研合作等，① 缺乏专门协调成员国卫生合作、管理日常卫生问题、应对突发公共卫生事件的专门机构，上合组织还缺乏专门用于卫生领域的资金预算和物质准备。② 在 2020 年 5 月 13 日疫情已在中亚国家迅速传播后，上合组织卫生部长会议在 7 月才以线上方式进行。而中亚国家疫情初期（2020 年 3 月），欧盟、国际货币基金组织就已为中亚国家提供资金援助或紧急贷款。在疫情发生前与其他领域相比，上合组织对卫生安全领域重视程度较不充分，卫生部长会议未能每年定期举行。

4. 公共卫生安全的外溢效应给治理增加难度

公共卫生安全与其他领域互相交织，给区域治理增加难度。上合组织需要在卫生治理的同时，兼顾其他领域，展开跨部门合作。一是新冠肺炎疫情直接影响到经济活动的正常运行。从微观层面来看，疾病会影响生产活动，进而影响个人收入；从中观层面来看，

① 曾向红、罗金：《上海合作组织框架下的人文合作：回顾与展望》，《武汉科技大学学报（社会科学版）》2022 年第 2 期，第 175—184 页。

② 李雪威、王璐：《上海合作组织参与全球卫生治理：优势、挑战及路径选择》，《国际问题研究》2020 年第 6 期，第 23—37 页。

疾病会影响生育、发病率、死亡率和智力水平，进而影响劳动力的规模、组成和素质，以及整个国家参与世界经济的能力；[①] 从宏观层面来看，疫情影响人员和商品流通，供应链断裂使得全球产业链加快重组，中心—边缘化的世界等级秩序凸显，发展中国家因缺少药品、技术、资金而更加依附于发达国家。二是新冠肺炎疫情给粮食安全带来挑战。中亚国家部分城市发生居民因恐慌抢购粮食，不同程度出现粮食上涨的现象。三是“三股势力”与边境冲突依然困扰地区安全，吉尔吉斯斯坦政治稳定性较差，2020年再次发生大规模骚乱。在疫情防控期间，人员聚集增加了疫情防控的难度并带来卫生安全隐患。恐怖主义活动并没有受到疫情的影响而减少，恐怖分子反而利用疫情大流行宣传极端思想甚至利用金钱诱惑失业人群。

三、创建具有“上合特色”的中国—中亚公共卫生治理模式

虽然上合组织存在自身制度缺陷、公共卫生问题的政治化，以及现有全球公共卫生治理机制不足的问题，对上合组织参与全球公共卫生治理提出了挑战。[②] 但是，通过将自身现有制度优势进行放

① ［丹麦］比约·恩隆博格著，岳昌君译：《全球危机：全球解决方案》，北京大学出版社2010年版，第74页。

② 张新平、代家玮：《上海合作组织参与全球公共卫生治理的动因、困境与路径》，《和平与发展》2021年第1期，第37—56页。

大，以“上合模式”的区域治理参与全球治理，建立“卫生健康共同体”示范区依然潜力巨大。

虽然西方部分学者质疑上合组织是否为真正意义上的国际组织及其动机，但上合组织的机制化建设已经逐步完善，制度化正在形成。以国家元首理事会为最高决策机构，政府首脑（总理）会议通过组织预算，再由各部门领导人会议研究本组织框架内具体议题，这种“金字塔式”的组织结构符合绝大多数上合国家的政权组织方式或管理习惯。同时，“不干涉内政”和“协商一致”原则赋予所有国家平等决策权，提高了参与积极性。虽然这种组织方式还不完善，但至少是最适合上合组织成员国的。在卫生健康领域，同样可建设具有“上合特色”的治理模式。

（一）预防为主、防治结合的卫生治理体制建设

1. 医疗数字化转型

随着网络技术的发展，中国和中亚国家可以以新冠肺炎疫情为契机，积极进行医疗数字化转型，引进“互联网+”、“医联体”、智能医疗等新型医疗模式。吴菲将医疗卫生服务体系概括为三种模式：第一种是以产权为纽带的紧密模式，第二种是以股权为纽带的合资模式，第三种是以技术为纽带的松散模式。① 中国与中亚医疗合作可以主要以第三种模式即技术交流为基础，逐渐向股权为纽带、

① 吴菲：《国内首家跨境医疗服务体成立》，《中国医院院长》2013年第13期，第38页。

可实现跨境转诊的第二种模式发展。

医疗数字化转型一是可以改善“联通”问题，二是可以改善区域间供给与需求不平衡问题。如发展区块链有效保护地区卫生健康信息安全，一定程度上可以降低网络恐怖主义的威胁；建立地区公共卫生大数据平台，形成有效的信息共享渠道和沟通渠道，为建立上合紧急行动中心夯实基础。此外，区块链还可以保障药品及防护物资供应链的完整性，提供追溯药品来源的渠道，避免“假药”“假疫苗”对生命健康造成的二次伤害。远程医疗能够有效分享抗疫经验和治疗手段，使中国智慧和中国方案成为区域公共产品。老挝南塔省医院与北大人民医院建立了绿色通道，老挝患者可通过视频方式在当地得到北大人民医院专家的会诊。① 在疫情阻断人员往来或者交通成本过高的情况下，中国与中亚也可采取该方式，建立远程医疗合作体系，通过远程方式和虚拟现实技术，中国专家可以直接对患者进行诊断。

2. 发展“旅游 + 医疗”

国际医疗服务体系的第二种模式即实现跨境转诊，可通过发展“旅游 + 医疗”得以实现。

面对中亚庞大的市场需求和中国新疆特殊的地缘优势，医疗旅游可作为新疆旅游业新的增长点。2013 年 12 月 24 日，新疆旅游协会与新疆医科大学第一附属医院与中亚国家多所医院共同签署《建立独联体游客在新疆开展医疗旅游活动的联系制度》，达成多项合作

---

① 吴菲：《国内首家跨境医疗服务体成立》，《中国医院院长》2013 年第 13 期，第 38 页。

协议，共同开发新疆医疗旅游资源。近年来选择“旅游 + 医疗”消费模式的中亚游客数量逐年增加。① 2015 年 10 月，来自中国、俄罗斯、吉尔吉斯斯坦、乌兹别克斯坦等国家的 50 多家旅游企业、医疗机构代表共同签署了《“丝绸之路医疗旅游联盟”倡议书》，提出成立“丝绸之路医疗旅游联盟”，共同发展新疆健康旅游市场。② 自从 2016 年 8 月以来，新疆建立的首个跨境医疗服务平台已经连接中亚地区的 35 家大型医疗机构。目前包括新疆医科大学第一附属医院在内的 5 家自治区级三甲医院已为外籍患者开通“绿色通道”，成立了国际医疗服务部，并为服务部配备了掌握相关语种的医护人员。③ 新疆可作为中亚地区国际医学工程领域交流中心，促使国内医疗器械生产企业与中亚各国加深理解和合作，积极开拓中亚地区市场，提高我国医疗设备产业的核心竞争力。④

实现跨境医疗同样也面临诸多困难，如结算方式、出入境管理、中国与中亚卫生保健体系差异、标准化差异、新疆医疗基础设施建设不足、疗养资源未能得到充分开发、缺乏国际性医疗人才等。2014 年，新疆针对“共建丝绸之路经济带”提出建设包括“丝绸之

---

① 张晓艳：《中国新疆面向中亚开拓“医疗旅游”市场》，《中亚信息》2014 年第 1 期，第 25 页。

② 王思超：《新疆：医疗养生游带来新契机》，《中国旅游报》2015 年 10 月 16 日，第 3 版。

③ 汤贤正、贾钊泽：《新疆公立医院跨境医疗实力提升对策的研究——基于中亚医疗中心建设》，《安徽商贸职业技术学院学报（社会科学版）》2018 年第 2 期，第 19—22 页。

④ 《“医疗设备临床应用质量控制”中亚国际高峰论坛会暨新疆医学会医学工程分会第十届学术年会圆满落幕》，《中国医疗设备》2014 年第 11 期，第 176—177 页。

路经济带区域性医疗服务中心”在内的五大区域性中心。[①] 可将新疆作为上合组织医疗试点合作区，在支持新疆优化卫生服务体系、增加新疆医疗建设投入的同时，鼓励新疆与中亚国家进行医疗合作，注重国际化医院建设、人才培养，在新疆建立疫病防治研究所，与中亚国家统一检疫标准、交流技术、简化制度性流程、疫苗研制等。

3. 推进卫生体制改革

中亚国家正在经历卫生制度改革，如哈萨克斯坦当局正对医疗方面存在的问题进行改革，在总统《哈萨克斯坦——2050》国情咨文中具体提出了改进方针和措施，[②] 提高卫生保健系统运行效率；乌兹别克斯坦逐步推进私有化，增加卫生供应能力；塔吉克斯坦现有的医疗机构和医疗资源还不能满足现实需要，是全国最缺少资金的行业。[③] 各国合作联动的基础是本国体制建设的完善，这样才能保证共同防疫措施的实施能够由点到面全覆盖，对边境薄弱地区进行重点监管防控，防止病毒地理上的外溢，将影响降至最低。中国与中亚在医疗改革的过程中可相互借鉴，如中国可借鉴中亚医疗卫生领域部分私有化的方式，发挥民营医院的活力，以市场竞争激励技术创新，实现社会保障主体的多元化，一定程度上也能缓解医疗资源紧缺的问题，增加床位数量，拓宽群众就医渠道。

---

① 刘婷、辛子艺、陈少贤：《珠江三角洲卫生人力资源发展策略分析及对策》，《中国农村卫生事业管理》2014 年第 3 期，第 251—254 页。

② 赵常庆：《列国志：哈萨克斯坦》，社会科学文献出版社 2015 年版，第 176 页。

③ 刘启芸：《列国志：塔吉克斯坦》，社会科学文献出版社 2018 年版，第 181 页。

（二）自上而下与自下而上双轨并行的应急系统

公共卫生安全事件的有效治理需要日常卫生健康体系的正常运行和保障。在国家合作中，需要自上而下的政府间合作，也需要发挥多行为体的能动作用，利用非政府组织、社区、企业、个人等自下而上进行治理，对政府治理起到补充和支撑作用。

自上而下的应急系统主要是由政府建立，各国间联动。完善的卫生应急体制应具有预防、准备、反应、恢复、总结五个功能。[①] 对上合组织来说，预防包括常规的健康卫生合作，完善地区医疗基础设施，改善国家医疗系统以有能力应对突发性传染疾病，制定共同的跨境检疫标准，建立有效的传染性及非传染性疾病预防的宣传渠道，定期开展卫生防疫突发事故排查和应急演练；准备包括保证信息预警渠道的畅通和非歧视化，保障区域内专业人员、医疗物资、生活必需品的调运能力；反应重点在于迅速及时地对疫情采取相应行动，包括疫情溯源和防止扩散行动，需要政府的正确决策和各级部门的快速执行，上合组织成员国的抗疫措施给予彼此借鉴和参考；恢复是指疫情控制后实现社会经济生活的全面恢复，并防止疫情再次反弹，恢复因疫情短暂阻隔的跨境人员和商品往来，恢复营商环境和资本流动，恢复因疫情磋商的民心相通和互信基础；总结环节的必要性在于，上合组织的公共卫生安全合作始于“非典”疫情后，

---

① 杨开忠、陆军：《国外公共卫生突发事件管理要览》，中国城市出版社 2003 年版，第 14 页。

加强于新冠肺炎疫情期间。病毒给该组织治理能力带来挑战的同时赋予合作潜力和空间，并给予了上合组织拓展和加深合作领域的机遇。在全球供应链距离缩短的背景下，上合组织的地缘特性和成员国互补优势得以发挥，在疫后经济恢复方面必然发挥独特作用。

在顶层设计上，政策方面，上合组织继续发挥元首外交的优势，为区域内卫生健康合作提供有力制度保障和共识基础，上合组织可在卫生部长会议下增设特别工作（应急）小组，或成立类似于地区反恐机构的常设卫生机构，以协调成员国公共卫生领域相关事务，如威胁评估、应急反应、信息预警、资源调配，或由各成员国派驻秘书处上合组织卫生专员，① 其应具备医学专业知识及全球治理、外交、外语等能力；执行方面，可具体实施建立联合实验室，开展疫情溯源研究、药物研制和疫苗研发；信息分享方面，建立上合数据库及疾控中心热线，对区域内卫生情况及时沟通分享，中俄“双引擎”将抗疫经验、诊疗方法、疫苗技术作为非排他性的地区公共产品；人才方面，建立医疗卫生交流平台，发挥传统医学作用，可设立上合组织大学“联合医学培养”项目；物资调配方面，保证灵活性，开辟必备物资“绿色通道”，减少疫情对物流的阻碍，任何一成员国境内发生突发事件时，可以请求其他成员提供必要帮助，并在本国内进行合理分配，向援助国通报物资使用情况。

自下而上的应急方式行为主体不再仅限于国家中央政府，而是发挥多利益相关方伙伴关系平台的作用，这是 21 世纪出现的新现

---

① 卫生专员是整合卫生目标和外交政策目标的职业外交官，首创于美国，具备公共卫生知识、外交和谈判技巧、跨文化能力等技能。从长远来看，卫生专员的培养将为中国参与全球卫生治理提供战略性人才储备。

象，被联合国确定为实现2030年可持续发展议程的重要内容与途径。在全球卫生领域，这类跨国非营利法人平台聚集了主权国家政府、企业（主要是医药行业）、私立慈善基金会、非政府组织，个人以及相关国际组织的资源与智慧，中立性和国际认可度较高，融资机制富有创新性，管理架构和规制透明且呈现效率优势，对防控和消除重大传染病做出了举世公认的贡献。①

在现代“风险社会”的大背景下，公共卫生事件的诱因日益复杂。中国与中亚都采取了中央统一管理、统筹规划为主的抗疫模式，在抗疫中展现独特优势，但单一的管制型和包揽型政府应对主体在危机治理和疫情防控中需要企业组织、社区基层、第三方部门、公民个人、大众传媒等多元主体的广泛参与，并寻求社会责任在这些相互配合、彼此博弈的行动者之间的最佳配置。② 基层层面的工作可以包括风险评估及上报、制定应急计划、群众教育及预警、信息管控、灵活调动资源（包括志愿者的组织工作）。在企业方面，工商企业所提供的基础性产品和服务（如电力、通信、物流、医疗废弃物处置）对公共卫生事业必不可少，生物制药企业、医疗物资生产商和营利型医院等与防病抗疫直接相关。在资金方面，金融资本、社会捐助可以为财政资金提供补充。在个人层面，需要进一步培养国际型医护人才，发挥中医药在抗击疫情中的独特作用。如提供国家奖学金给予医学生更多走出国门的机会，培养他们的全球视野；鼓

① 徐彤武：《新冠肺炎疫情：重塑全球公共卫生安全》，《国际政治研究》2020年第3期，第230－256页。

② ［美］E. S. 萨瓦斯著，周志忍译：《民营化与公私部门的伙伴关系》，中国人民大学出版社2002年版，第3页。

励医学生在学习专业基础的同时，学习外语、外交等知识，培养复合型人才；在中亚国家建设中医孔子学院，让更多的中亚年轻人接触到中医文化，提供更多赴华学习中医的机会。

四、结语

上合组织应该是建设“卫生健康共同体”的样板。“健康”不仅是字面意义上的医疗卫生合作等，还包括心理认知领域的正常、理性和客观等含义。通过医疗卫生领域的“健康丝绸之路”优化各国及其社会和公民之间的互信，夯实上合组织睦邻友好合作的社会基础，尽快实现习近平主席在上合组织成员国元首理事会上“将上合组织打造成团结互信的典范、安危共担的典范、互利共赢的典范和包容互鉴的典范”的倡议。[①] 在“互信、互利、平等、协商，尊重多样文明，谋求共同发展”的“上海精神”背景下，上合青岛峰会又提出了新“五观”，包括发展观、安全观、合作观、文明观和全球治理观。其中，在“共同、综合、合作、可持续”的新安全观的指导下，上合组织公共卫生安全合作逐步推进，并在疫情中得到深化。然而抗疫之战远未结束，上合组织成员国的共同公共卫生治理行动也绝没有终止于此。在此次疫情中，上合地区的连通性（包括

① 《智库专家建议上合组织加强民间外交应对新冠疫情挑战》，上观新闻，2020 年 8 月 13 日，https：//export. shobserver. com/baijiahao/html/279263. html。（上网时间：2020 年 10 月 20 日）

贸易畅通、设施联通、民心相通）有很强的复原力和韧性，展现了上合组织二十多年来积累的良好合作基础，同时，上合公共卫生安全合作的深化与制度性改革也被提上日程。

上合组织作为世界上面积最大、覆盖人口最多的地区性国际组织，解决好上合地区的卫生健康问题也就解决了世界二分之一人口的卫生健康问题，无疑是对人类可持续发展的突出贡献。而中亚地区作为上合组织的核心区域，中国周边外交的重点，更应在建立人类卫生健康共同体中起到示范和引领作用。然而这片地区深处欧亚大陆内陆，气候干燥、水资源匮乏，加之全球变暖的影响，极端天气增多，都给公共卫生治理带来考验。这里长期存在肺结核、耐多药结核病、艾滋病、营养不良等问题，威胁着人们的生命健康安全，制约地区经济发展。公共卫生治理的道路依然任重而道远，卫生健康共同体的建设并非一朝一夕。本文分析了上合组织框架下中国与中亚共建卫生健康共同体的必要性和可行性，并提出了预防为主、防治结合的卫生治理体制建设（包括医疗数字化转型、发展“旅游＋医疗”的新模式、推进卫生体制改革）、自上而下与自下而上双轨并行的应急系统两种合作方案。希望上合组织发挥“不干涉内政”“平等协商”和元首外交驱动的理念和制度优势，创建出不同于其他国际制度的“上合特色”公共卫生合作模式。

后 记

2022年初，在中国和中亚国家建交30周年视频峰会上，习近平主席提出要构建“中国—中亚命运共同体”，再加上“一带一路”倡议的持续深入推进，中亚在中国外交战略中的地位愈发突出。然而，与政策实践领域中亚地位不断提升并不同步的是，我国学术界的中亚研究队伍并没有同步壮大，尤其是在青年学者一代。这与国内当前中亚研究所面临的种种困难息息相关：一是中亚国家本身独立建国时间较短，尽管受到麦金德地缘政治说的加持，但实际对国际事务的影响力也还尚未得到充分体现，从而未能吸引到学术界的充分关注。二是语言上的限制。中亚国家脱胎于苏联，各种法律文件和研究文献都离不开俄语，而俄语在近几十年来并不是中国教育界首选的第一外语，制约了更多人在从事研究中把中亚作为首选对象。三是由于中亚研究相关期刊数量上的匮乏，以及尚未形成的中亚学术共同体，从事或即将从事中亚研究的学者所不得不面临的一个现实问题是，学术成果如何发表，通过何种平台与学术同仁对话。

所幸的是，即使面临诸多困难，仍有一大批青年有志之士选择去“啃”中亚这个“硬骨头”，力图为我国的中亚研究增砖添瓦。正是基于这一点，作为教育部国别区域研究中心的华东师范大学中亚研究中心在成立之初即致力于努力推动中亚研究的发展，为国内从事中亚研究的学者，尤其是青年学者提供交流对话平台。为此，华东师范大学中亚研究中心连续三年举办了“中亚研究青年学术论坛”，得到了全国各地青年学者的大力支持和参与，并在会后出版了论文集。本书即为这一书系的第二本，以“丝绸之路经济带架构下的地区合作与治理问题”为主题，主要收录了来自北京大学、华东师范大学、新疆大学等全国各地青年学者的参会获奖论文。

在本书出版过程中，华东师范大学中亚研究中心主任陆钢教授付出了大量心血，从筹备举办论坛，到论文集的定稿，全程参与其中。同时，也要感谢陈洁、王林兵、李虎平、张子琰、周卓玮、赵东旭的供稿，是他们潜心研究的成果，构成了本书的主要内容。当然，除了上述作者之外，李紫雯、柴胜男等同学为本书的出版也提供了大量支持，在文稿校对等方面做出了大量细致工作，在此一并感谢。最后，时事出版社的薛晓钰编辑承担了本书的编辑和出版工作，她的耐心和细致是本书得以顺利出版的重要保障！

邓 轫

2022 年 3 月于北京海淀

图书在版编目（CIP）数据

丝绸之路经济带架构下的地区合作与治理问题研究/陆钢主编.
—北京：时事出版社，2022. 12
ISBN 978-7-5195-0519-6

Ⅰ. ①丝…　Ⅱ. ①陆…　Ⅲ. ①丝绸之路—经济带—国际合作—经济合作—中国、中亚—文集　Ⅳ. ①F125. 536 – 53

中国版本图书馆 CIP 数据核字（2022）第 194023 号

出 版 发 行：时事出版社
地　　　址：北京市海淀区彰化路 138 号西荣阁 B 座 G2 层
邮　　　编：100097
发 行 热 线：（010）88869831　88869832
传　　　真：（010）88869875
电 子 邮 箱：shishichubanshe@ sina. com
网　　　址：www. shishishe. com
印　　　刷：北京良义印刷科技有限公司

开本：787 × 1092　1/16　印张：13　字数：157 千字
2022 年 12 月第 1 版　2022 年 12 月第 1 次印刷
定价：79. 00 元